KB273326

한백 지음

사각사각

사각로직

발행일	2024년 10월 31일
지은이	한 백
펴낸이	장재열
펴낸곳	단한권의책
출판등록	제25100-2017-000072호 (2012년 9월 14일)
주소	서울시 은평구 서오릉로 20길 10 - 6
팩스	070 - 4850 - 8021
이메일	jjy5342@naver.com
블로그	http://blog.naver.com/only1book

ISBN 979-11-91853-44-5 03690

값 9,500원

파손된 책은 바꿔 드립니다.

이 저작물의 내용을 쓰고자 할 때는 저작자와 단한권의책의 허락을 받아야 합니다.

사각사각 **사각로직** - 기본 규칙

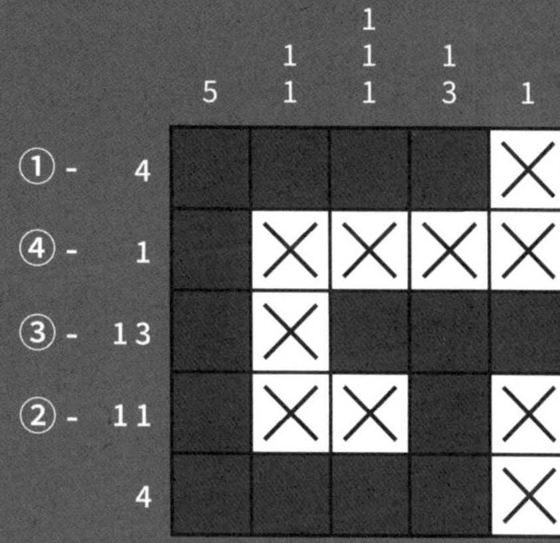

1. 가로와 세로의 숫자는 해당하는 타일에 연속으로 칠해야 하는 칸의 수를 의미합니다.

2. 둘 이상의 숫자가 있으면 숫자와 숫자 사이 한 칸 이상의 빈칸이 존재해야 합니다.

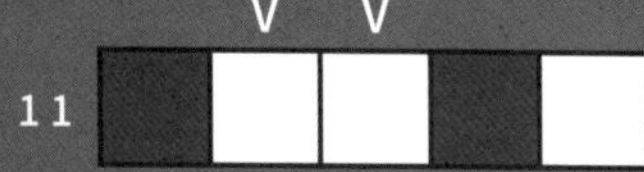

3. 둘 이상의 숫자가 있는 경우 숫자의 순서와 칠해진 칸의 순서는 일치해야 합니다.

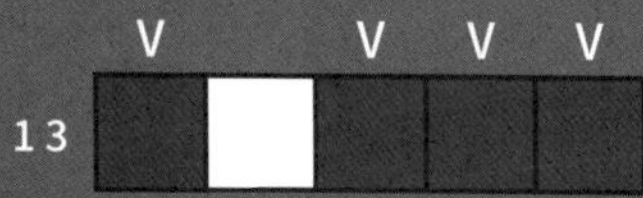

4. 칠할 수 없는 칸에는 X 표시를 합니다.

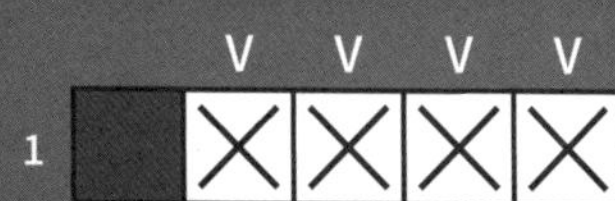

사각사각 사각로직 - 세부 공략법

1

문제의 합이 전체 타일의 수와 같을 때

가장 확실하게 해결할 수 있는 문제입니다. 문제의 해결이 간단하며,
나아가 다른 문제를 푸는 데 도움이 되니 먼저 해결하도록 합니다.

a. 문제의 수와 전체 타일의 수가 같을 때

주어진 숫자와 전체 타일의 수가 같은 경우입니다.
해당하는 줄을 모두 칠하도록 합니다.

b. 문제의 수와 여백의 수의 합이 전체 타일의 수와 같을 때

문제에 두 개 이상의 숫자가 존재할 때,
문제의 수와 숫자 사이 여백의 수의 합이
전체 타일의 수와 같을 때
앞에서부터 차례대로 칠하도록 합니다.

5=3+1+여백(1)

5=1+1+1+여백(2)

2

문제의 합이 타일의 수의 반 이상일 때

a. 문제의 수와 전체 타일의 수가 같을 때

주어진 숫자가 전체 타일의 수의 반 이상일 경우입니다.

본 예제에서 나올 수 있는 경우의 수는 ㄱ, ㄴ, ㄷ과 같습니다.
어떤 경우에도 중앙의 타일이 칠해지는 것이 확인됩니다.
확실하게 정답임을 알 수 있게 된 타일을 칠한 뒤,
비어있는 나머지 타일은, 아직 어느 쪽을 칠하는 게
정답인지 알 수 없으니 X 표시를 하지 않도록 합니다.

Tip. 더욱 쉽게 정답을 찾는 방법

문제를 살펴보면서 하나하나 경우의 수를 찾지 않더라도
쉽게 칸을 채우는 방법입니다.
타일의 양극단에서 문제의 숫자만큼 칠한다는 가정을 한 뒤
두 가정에서 공통으로 채워지는 칸을 칠하면 보다 간단히
타일에서 칠할 부분을 찾아낼 수 있을 것입니다.

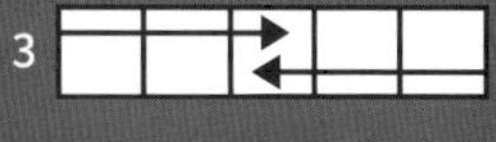

사각사각 사각로직 - 세부 공략법

③ 이미 칠해진 타일이 있을 때

a. 이미 채워진 칸으로부터 문제의 숫자만큼 양쪽으로
칠하더라도 타일의 벽에 도달하지 않을 때

이미 채워진 칸으로부터 양쪽으로 칠했을 상황을 가정한 뒤
어느 경우에도 채워지지 않는 칸에 X 표시를 합니다.

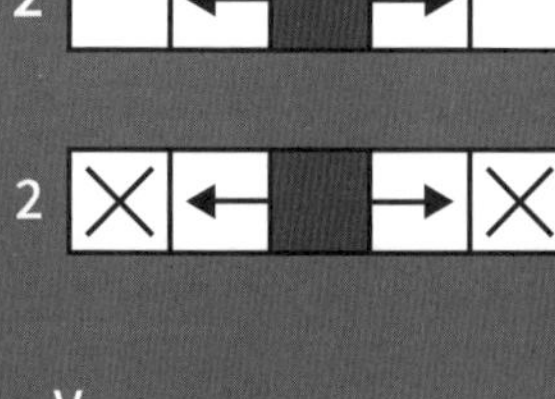

b. 채워진 칸으로부터 어느 쪽이건 숫자만큼 칠하기 전에
타일의 벽에 도달하는 경우.

본 예제의 경우 채워진 타일로부터 왼쪽으로 칠할 시 문제인
3만큼 타일을 칠하기 전에 타일의 벽에 도달하게 됩니다. 이
때, 칠해진 칸을 포함하는 정답의 경우의 수는 ㄱ, ㄴ이며 각
경우의 교집합은 ㄷ과 같습니다.

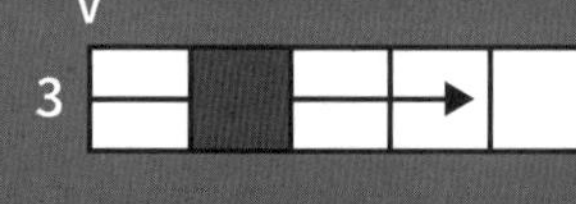

이는 타일의 벽에 도달하게 되는 방향으로부터 칠해야 할 숫
자만큼 세어, 채워진 타일 너머를 칠하는 방법으로도 쉽게
찾을 수 있습니다.

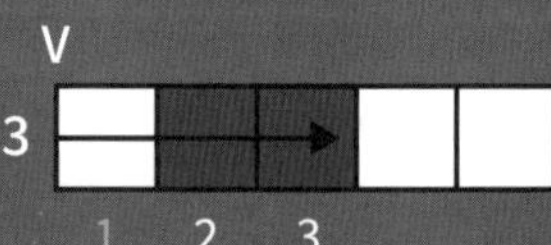

사각사각 종이를 자르는 물건

Level. ★☆☆

	0	3 2	1 1 2	3 2	3	3	3 2	1 1 2	3 2	0
22										
1111										
1111										
6										
2										
4										
22										
22										
11										
0										

신발과 발 사이에는 무엇이?

Level. ★☆☆

	3	1 1	1 1	4	3 1 1	1 6 1	1 1 1	1 1 3	1 5 1	3 2
6										
11										
6										
11										
11										
11										
4 1 1										
1 3 1 1										
1 1 1 1										
8										

문서나 서류를 담기 좋은 가방이에요

Level. ★☆☆

	7	1 1 1	1 1 1	3 1 1	1 1 1 1	1 1 1 1	3 1 1	1 1 1	1 1 1	7
4										
11										
10										
11										
22										
16 1										
11										
11										
10										
0										

숲에 빼곡히 가득해요

Level. ★☆☆

	0	1	1 3 1	6 2	10	9	5 2	4 1	1 1	0
1										
3										
5										
5										
7										
7										
7										
2										
4										
6										

1. 가위의 역사

사실 살다 보면 아주 편하게 사용하는 물건이지만 그것에 대한 기원이 어떻게 되는지 궁금해하지 않고 당연하게 사용하는 경우가 많지요. 가위도 그중의 하나인 것 같습니다.

"가위"라는 것이 처음 역사에 등장한 시기는 특정할 수 없을 것 같습니다. 다만 유물로서 최초로 남겨진 가위는 대략 BC 10세기 후반에 등장합니다. 대부분 철제이고 청동제도 드물게 있습니다. 로마 시대의 유물은 상당히 많이 발견되었습니다. 로마 시대 가위는 유럽 중부 및 북유럽 등으로 전해졌지요. 가위로 수염을 자르거나 철사를 자르는 등 용도에 맞게 가위 모양에 변형이 이루어지기도 하였습니다.

동양에서는 후한(後漢)에서 송(宋)에 이르는 시대의 무덤 부장품으로 두 날의 뒤끝이 용수철로 된 철제 가위가 비교적 많이 출토되었습니다. 한국에서 발견된, 가장 오래된 가위는 경주 분황사 모전석탑에서 발견된 가위예요. 대표적인 가위는 1976년 경주 동쪽 안압지 유적을 발굴하던 중 발견된 경주 월지 금동촉협(慶州 月池 金銅燭鋏)으로 이전에도 우리나라에 가위가 존재했다는 것을 알려주는 유물이 되었습니다.

가위의 모양이나 유물의 발견 시기 등으로 보아 서양에서 가위가 발명되고 중국을 거쳐 우리나라로 전해졌을 가능성이 높다고 추론되나 가위가 자체적으로 발명이 되었는지 전래하여진 것인지는 누구도 정확하게 확언할 수는 없겠습니다.

가위에 관해서 관심이 있고 더 자세한 것을 알고 싶다면 진안에 있는 가위박물관을 가보는 것도 좋겠습니다.

진안 가위박물관

대한민국 전라북도 진안군 진안읍에 위치한 박물관으로 2016년에 개관하였다. 2019년부터는 진안군이 운영하기 시작하였다. 용담댐 수몰 지역인 수천리 고분에서 출토된 고려 시대 철제 가위를 비롯하여 국내외의 각종 가위 1,500여 점을 소장 및 전시하고 있다.

가끔은 문자보다는 이걸로 마음을 전해보아요

Level. ★☆☆

	7	2 2	1 1 1 1	1 1 1	1 1 1	1 1 1	1 1 1	1 1 1 1	2 2	7
0										
10										
22										
1111										
1111										
11211										
22										
10										
0										
0										

전자기기는 이것을 꽂아야 움직여요

Level. ★☆☆

	3	6	7	6 2	3 1	4	1	3	4 1	5
111										
111										
51										
52										
51										
321										
1111										
113										
21										
3										

종이로 접어서 날려요

Level. ★☆☆

	2	6	3 2	1 2 1	1 2 2	3 2	2 1 1	1 1 1	2 3	3
2										
12										
22										
15										
121										
111										
31										
10										
21										
3										

황금알을 낳기도 한다던데요?

Level. ★☆☆

	1	2 2	9	9	5	6	3 3	4 1 1	7 1	3 3
1										
3 2										
4 3										
2 4										
2 2 2										
5 1										
5 2										
9										
5 1										
7										

2. 길이에 따른 양말의 명칭

　고대 이집트에서는 샌들을 신을 때 발을 보호하기 위해 얇은 천을 발바닥에 덧대었다는 기록이 있는데 이는 현대적인 양말의 시초로 여겨집니다. 양말은 그만큼 오래된 역사를 갖고 있는 것이지요. 양말은 다양한 모양과 길이를 갖고 있는데 용도에 맞게 진화한 결과의 산물입니다. 아래의 삽화는 다양한 길이의 양말들입니다.

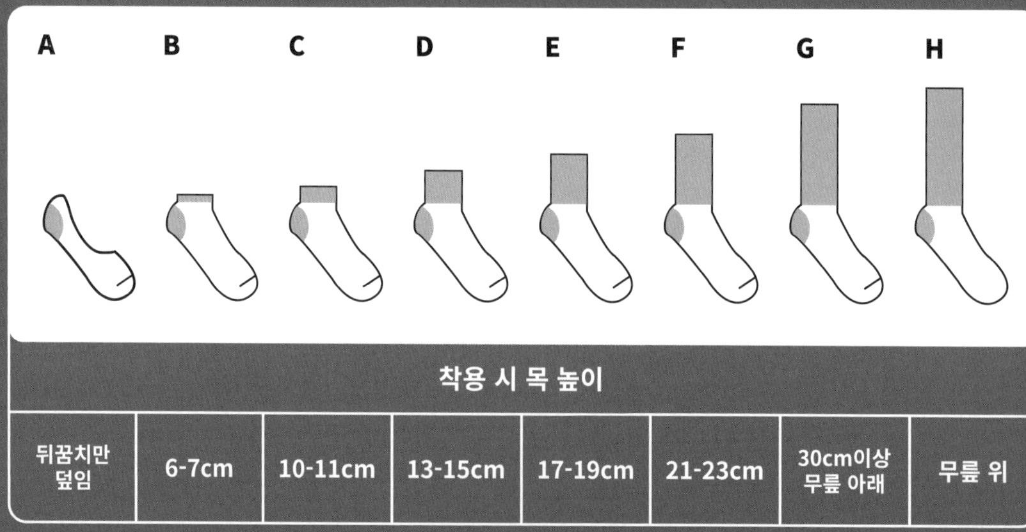

			착용 시 목 높이				
뒤꿈치만 덮임	6-7cm	10-11cm	13-15cm	17-19cm	21-23cm	30cm이상 무릎 아래	무릎 위

* 길이에 따른 양말의 종류

A : 페이크삭스(fake socks) - 덧버선, 덧신, 인비저블이라고도 부른다.
　　신발을 신었을 때 거의 보이지 않아요.
B : 발목 양말(low cut socks) / 스니커즈 양말이라고 불린다.
C : 앵클 양말(ankle socks)
D : 단목 양말(quarter socks)
E : 중목 양말(middle socks)
F : 장목 양말(crew socks)
G : 니하이(knee high socks) / 무릎 아래까지 올라오는 양말.
H : 오버 더 니 삭스(over the knee socks) / 무릎 위에 까지 올라오는 양말.

아침마다 니가 밉다...

Level. ★☆☆

	2 1	2 4 2	1 2 3	1 1	5 1	1 1 1	1 2 3	2 4 2	2 1	0
22										
2 1 2										
1 5 1										
2 1 2										
1 1 1										
1 2 1										
1 1										
1 1										
7										
3 3										

초승달을 뒤집으면.

Level. ★☆☆

	3 3	2 2	1 2 1	4	8	8	8	6	1 4 1	10
32										
231										
141										
7										
8										
8										
7										
141										
231										
32										

물을 끓여요

No. 11

Level. ★☆☆

	1	4	4	3	6	9	1 7	9	6	4
0										
3										
211										
25										
26										
9										
8										
7										
5										
3										

주먹을 짝 펴면

Level. ★☆☆

	2	5	3	10	6	10	6	10	6	8
111										
1111										
1111										
11111										
17										
27										
10										
9										
8										
6										

3. 편지의 역사

　편지(letter)란, 안부·소식·용무 따위를 적어 보내는 글을 말하죠. 우체국이 배달하며 편지의 운송 요금을 납부했음을 알리는 것으로 우표가 발행되고 사용되었습니다. 문자가 발명된 이후, 인류 최초의 원거리 통신 방식이 되었지요.

고대에서부터 근래까지도 직접 종이에 글을 써서 상대방에게 보냈지요. 하지만 "인터넷"이라는 것이 발명되면서, 세상은 바뀌기 시작했습니다. 이메일이나 모바일 메신저가 널리 대중화되면서 일반적인 대화 수단으로 편지가 사용되는 빈도는 현저하게 줄어들었죠. 하지만 편지지에 직접 써 내려간 손글씨는 보낸 이의 마음이 담겨있어 한층 감성적인 생각을 하게 만드는 힘이 있지요.

재미있게도 이메일, 문자메시지, 메신저의 발달에도 불구하고 우편물 발송량은 크게 줄지 않았습니다. 21세기 들어서도 금융위기가 있었던 2008년을 제외하면 2019년까지 우편 발송량은 조금씩이나마 늘었다는 통계도 있습니다. 개인 간 보내는 편지나 엽서 등은 급격히 줄어들고 있지만, 기업이나 정부, 학교 등 기관에서 보내는 우편물은 오히려 늘었기 때문이라고 분석하고 있습니다. 덕분에 편지 발송량은 늘어나는데 우표 발행량은 급격히 줄어들었다고 하네요.

여름 필수품이죠.

Level. ★☆☆

	8	2 2 2	1 1 1 1	1 2 1 1	7 2	2 7	1 1 2 1	1 1 1 1	2 2 2	8
8										
222										
1111										
1121										
27										
72										
1211										
1111										
222										
8										

꽃에서 꿀을 먹는 걸 좋아애요

Level. ★☆☆

	5 3	8	6	2 3	6	2 3	6	8	5 3	0
1111										
2112										
313										
9										
9										
7										
212										
313										
22										
11										

이걸로 커서를 움직여요

Level. ★☆☆

	4	1 1 1	6 1	2 1 1 1	1 4	1	1 4	4 1	1	5
3										
21										
11										
11										
311										
11121										
511										
1111										
1111										
32										

비가 오는 날엔 하늘에 가득해요

Level. ★☆☆

	3 2	5	6 2	7	7	7 2	7	6 2	5	3 3
6										
8										
10										
10										
10										
8										
14										
1111										
1111										
11										

4. 종이비행기 날리기 대회

 어린 시절 한 번 이상 종이로 접어서 날렸을 법한 종이비행기. 이 종이비행기는 우리가 어른이 되면서 시시한 것이 되었지요. 하지만 어린이들에게는 여전히 꿈을 꾸게 하는 좋은 아이템이지요. 이 종이비행기를 날리는 국제 대회가 있다는 것 알고 있으신가요?

그 대회는 바로 레드불 페이퍼 윙스(Red Bull Paper Wings)입니다. 전 세계 80여 개국이 참가하는 종이비행기 국제 대회로 성장하였습니다. 대학생이면 누구나 쉽게 참여할 수 있습니다. 하지만 뛰어난 기록을 기록하고자 한다면 공기역학에 대한 이해를 바탕으로 창의력과 집중력, 신체능력 등 다양한 능력이 요구됩니다.

이 대회는 2006년에 총 48개국이 참가하며 최초로 시작됐으며, 이후 3~4년마다 개최하며 대회 규모가 점점 커졌지요. 우리나라에서 이 대회가 잘 알려진 계기는 2022년 대한민국 대표로 선발된 이승훈 선수가 곡예비행 부분에서 대회 역대 최고 점수로 우승하면서 대회가 유명해졌습니다.

대회에서 대결하는 종목은 멀리 날리기(Longest Distance)와 오래 날리기(Longest Airtime), 곡예비행(Aerobatics)의 세 종목으로 나누어 진행되고 있습니다. 종이비행기 세계 기록 경신을 목표로 종이 규격과 접는 방법, 대회 장소와 규칙 등을 모두 세계 종이비행기 협회와 기네스북 조건에 맞춰 진행되고 있는 것이 특징입니다.

참고로 현재 기네스북에 등재된 종이비행기 세계 기록은 멀리 날리기 88.318m, 오래 날리기 29.2초로 전해집니다.

대나무를 좋아해요

Level. ★☆☆

	3 4	4 2	3 2 1	1 2 1	1 1 1	1 1 1	1 2 1	3 2 1	4 2	3 4
3 3										
10										
3 3										
1 1										
1 2 2 1										
1 2 2 1										
1 1										
1 2 1										
1 1										
8										

든든한 돌아갈 곳.

Level. ★☆☆

	7	3 1	4 1 1	4 1	9	4 1	5 1	5 3	3 1	7
2										
6										
8										
10										
10										
1 1 1										
1 1 1 1										
1 1 1 1										
1 1 1 1										
10										

No. 19

코에 뿔이 달린 소지만…말의 친척이에요

Level. ★☆☆

	6	4 3	1 2 1	2 1 1	5 2	1 1	2 1 1	1 1	2 1	2 1
3 4										
4 2										
1 1										
2 1 1										
2 1										
4										
1 1										
2										
2 1 1										
5 3										

강에 사는 말이지만...사실 소의 친척이에요

Level. ★☆☆

	3	2 1 2	2 2 3	3 1 1	1 3	2 1 3	1 1 1	1 1 1 1	1	1
24										
51										
11										
3										
111										
11										
7										
22										
6										
0										

5. 자명종의 역사

인류는 문명사회로 넘어오면서 시간을 측정하고자 끊임없이 노력했습니다. 그것은 시계와 달력을 발명하게 되는 원동력이 되기도 했지요.

처음에는 태양과 물을 이용한 시계가 발명되었습니다. 그렇지만 정확한 시간을 점점 더 바랐기에 과학기술이 발달할수록 더욱 정확한 시계를 만들어 내고자 노력하였죠. 다양한 기계장치를 이용한 기계시계가 고안되었으며, 더 나아가 진자시계·템포시계·전기시계·소리굽쇠시계·수정시계·원자시계 등 더욱더 정확한 시계가 발명되었습니다.

사람들은 정확한 시계가 만들어지자, 정확한 시간을 스스로 알려주는 무엇인가가 있으면 좋겠다고 생각했고 그래서 만들어진 것이 자명종입니다. 현대적인 관점에서 자명종이라고 말할 수 있을지는 모르겠지만, 스스로 울리는 시계라는 점에서 자명종이라고 말할 수 있는 장치가 처음 발명된 것은 1787년에 미국에 사는 레비 허친스(Levi Hutchins)에 의해 만들어졌습니다. 이 장치는 그에게 특별 맞춤이 된 것이기에, 새벽 네 시에만 종이 울렸지요.

현대적인 관점의 자명종이 처음 발명된 것은 프랑스의 발명가 앙투안 르디에르(Antoine Redier)가 고안해 냈습니다. 1847년에 알람 시간의 수정이 가능한 기계적 자명종에 대한 특허를 제출하였습니다.

현재는 다양한 형태로 자명종이 만들어져 판매되고 있습니다. 스스로 못 일어나는 사람들은 자명종을 동시에 몇 개씩 맞춰놓기도 하지요.

No. 21 왕이 되려면 무게를 견뎌야 합니다.

Level. ★☆☆

	9	1 1	1 1	2 1	2 2 1	2 2 1	2 1	1 1	1 1	9
0										
121										
121										
2112										
1221										
11										
121										
121										
11										
10										

함부로 채집해서 먹으면 위험해요!

Level. ★☆☆

	4	1 4	2 4	1 5	1 1 1	2 1 1	2 4	2 3	1 3	4
6										
24										
11										
31										
43										
44										
8										
11										
11										
2										

번갈아 밟으면 빠르게 나아가요

Level. ★☆☆

	1 3	8 1	1 2 1	1 1 3	1 1	1 4	7	1 1 1 1	1 1 1	3
5										
1										
14										
11										
6										
24										
2 1 2 1										
2 1 3 1										
1 1 1 1										
22										

코뿔소가... 누구 친척이랬더라?

Level. ★☆☆

	4 3	3 2 2	1 2 1 1	2 2	3 1	1 2	1 1	2	4	7
3 1 4										
2 2 3										
2 1 2										
1 1 1 2										
2 1										
2 1										
2 1										
1 1										
2 3										
3 1										

6. 달의 종류

　우리나라 사람들은 한가위에 보름달을 바라보고 소원을 비는 풍습이 있습니다. 전 세계 모든 사람이 달을 다양하게 바라보고 달에 관한 무수한 이야기를 만들었죠. 이번에 알아보고자 하는 것은 우리나라 사람들이 달의 모양에 따라 어떻게 부르는지를 알아보고자 합니다.

달은 스스로 빛을 내지 못합니다. 태양의 빛을 반사해 빛을 내므로, 지구에서 보았을 때 달의 공전에 따른 지구와 태양 그리고 달의 위치 변화에 따라 달의 모양이 달라지는 것입니다. 이를 위상 변화라고 합니다. 그리고 이런 달의 변화는 약 한 달(29.5일)을 기준으로 반복하게 되어있는데 이것이 달력을 만드는 기준이 되었지요.

달의 위상 변화는 삭, 초승달, 상현달, 보름달, 하현달, 그믐달의 순서로 변화합니다. 특히 삭은 지구와 태양 사이에 달이 일직선으로 놓였을 때입니다. 날짜로 따지면 음력 1일경에 나타납니다. 이때 달의 뒷면만 햇빛을 받아서 빛나고 지구에서 보이는 부분은 모두 어두우므로 관측이 어렵게 됩니다. 초승달은 음력 2, 3일경에 나타납니다. 해가 질 무렵 서쪽 하늘에서 볼 수도 있지요. 상현달은 달과 태양이 이루는 각이 90도일 때 관측되는 달의 모양으로 음력 7, 8일경 나타납니다. 이때 달은 정오에 떠서 자정에 집니다. 보름달은 달과 태양이 이루는 각이 180도일 때 나타나는 모양입니다. 음력 15일경에 나타나며 초저녁에 동쪽 하늘에서 떠올라 다음 날 아침 서쪽 하늘로 사라지죠. 하현달은 달과 태양이 이루는 각이 270도일 때의 모양입니다. 음력 22, 23일경에 볼 수 있으며 자정에 동쪽 하늘에서 떠오릅니다. 그믐달은 음력 28, 29일경에 나타나는데, 새벽녘 동쪽 하늘에서 관측됩니다.

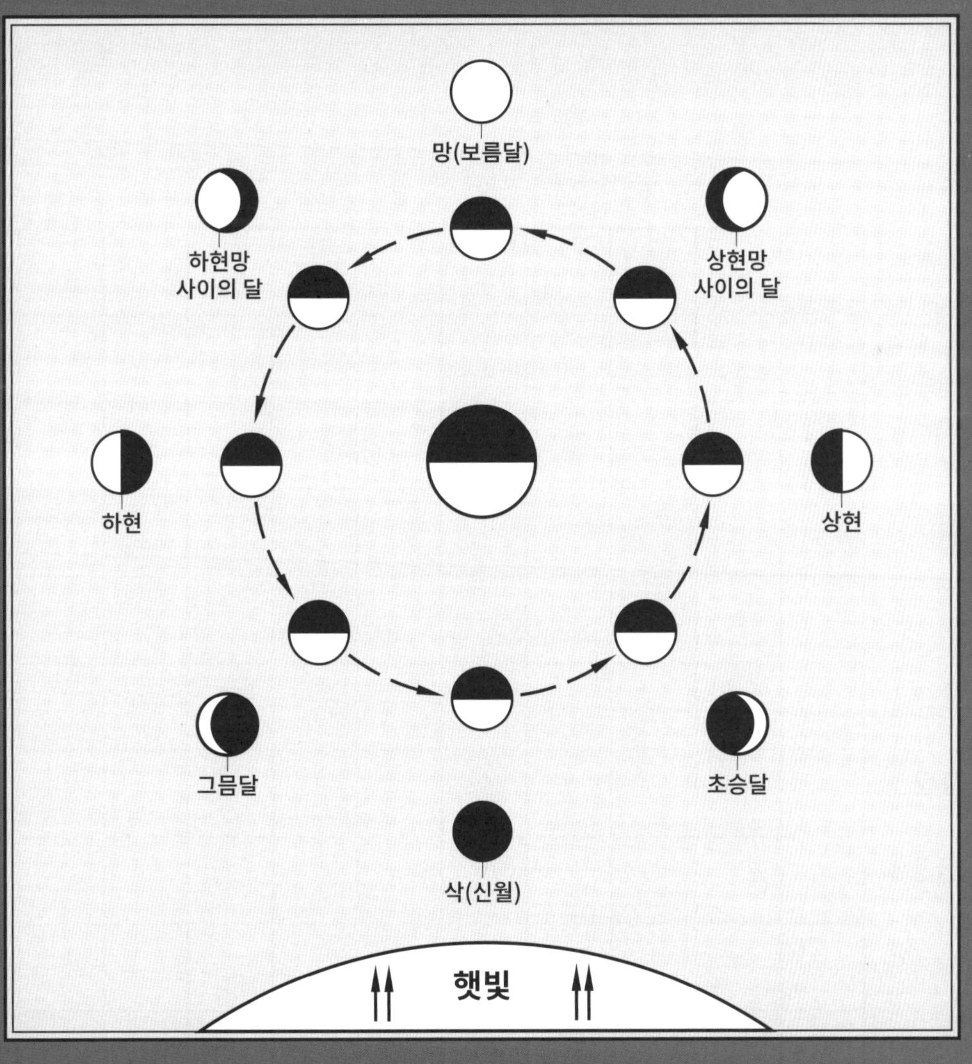

망(보름달)
하현망
사이의 달
상현망
사이의 달
하현
상현
그믐달
초승달
삭(신월)
햇빛

항구에 배가 머물 수 있도록 도와줘요

Level. ★☆☆

	3	2	1 3	1 1 2	1 8	1 8	1 1 2	1 3	2	3
2										
11										
2										
2										
6										
1 2 1										
1 2 1										
3 2 3										
8										
6										

다리가 여덟 개고 먹물을 내뿜어요

Level. ★☆☆

	5 1 1	1 1 1 1	1 1 2 1 2		4 3		7 1		1 6		5 1 1		1 1 2		3 1 2		1 1 1
2									
14									
1311									
17									
141									
231									
42									
251									
211									
3112									

소리를 크게 만들어 줘요

Level. ★☆☆

	4	2 4	1 1	2 2	1 1	10	0	6	0	8
1										
21										
11111										
4111										
1111										
1111										
4111										
11111										
121										
11										

다리가 열 개고 먹물을 내뿜어요

Level. ★☆☆

	1 4 1 1	1 1 2 1	1 4 1	2 6	7	6 1	5 1	5 2	3 2	3 1 2
2 1 3										
2 3										
2 5										
1 5										
1 6										
7										
6 2										
1 4 1										
1 2 1 1										
1 1 4 1										

7. 판다 외교

"판다(Panda)"하면 떠오르는 단어 중 하나로 '판다 외교(Panda Diplomacy)'라는 말이 있습니다. 그만큼 중국은 외교 수단으로 판다를 다양하게 활용하고 있기 때문이지요. 우리나라도 얼마 전 판다 "푸바오" 때문에 많은 이슈가 발생했지요.

그러면 여기서 '판다 외교'가 어떻게 시작되었는지 알아보는 시간을 갖을까 합니다. 사실 현대에 들어서 판다를 외교 수단으로 사용하기 시작한 것은 1941년부터입니다. 관계 발전을 갖고자 하는 상대국에 판다를 보낸 것입니다. 이것은 판다가 희귀동물이면서도 귀엽고 친근한 이미지를 가지고 있어서 그 인기가 매우 높았기에 가능한 외교술이었습니다.

역사적으로 최초의 판다 외교는 7세기 당나라 때로 전해지기도 합니다. 당시 중국 최초이자 유일한 여황제인 측천무후가 정권을 잡고 있을 때였지요. 일본과 원활한 외교 관계를 맺기 위해 일본에 곰 2마리를 선물로 보냈다는 기록이 있는데 이 곰이 '판다'라고 추측되기도 합니다. 또 다른 의견은 청나라 때 판다 원산지인 쓰촨 지방에서 청나라 황실에 판다 가죽을 공물로 바친 것에서 비롯됐다는 의견도 있습니다.

현대로 넘어와서는 1941년 장제스(蔣介石) 주석의 부인 쑹메이링(宋美齡) 여사가 중일전쟁 지원에 대한 감사 표시로 미국에 판다 한 쌍을 선물한 것이 시초입니다. 이후 1949년 중국 공산당의 집권이 시작되면서 판다의 국외 반출을 금지했습니다. 그러다 1972년 당시 리처드 닉슨 미국 대통령의 중국 방문으로 미·중 수교가 이뤄지게 되었습니다. 당시 마오쩌둥 중국 주석이 양국의 새로운 우호 관계 상징으로 판다 두 마리를 미국에 선물하였습니다. 다시금 판다 외교가 시작된 것이지요. 당시 미국 워싱턴 국립동물원에 기증된 판다들은 선풍적 인기를 끌었습니다. 이에 우방국들은 중국에게 우방의 상징으로 판다를 요구하기 시작했습니다. 그 결과 중국은 1983년까지 우방 9개국에 판다 24마리를 선물했습니다.

우리나라에는 2016년 3월, 시진핑 중국 국가주석이 한중 친선의 상징으로 판다 러바오(수컷·2012년생)와 아이바오(암컷·2013년생)를 보내면서 판다가 들어왔습니다. 이후 2020년 7월 20일 이들 사이에서 암컷 판다 "푸바오"가 태어났습니다. 2024년 4월 3일 푸바오는 중국으로 돌아가서 잘 생활하고 있습니다.

할로윈 하면 역시 이거죠!

Level. ★☆☆

	6	2 2	1 1	1 4 1	3 2	1 1 1	4 2	1 4 1	2 1	6
2										
11										
8										
2112										
1111										
1111										
1111										
1111										
2112										
7										

흰/ㅇㅇ/초코/바나나/우유.

Level. ★☆☆

	4	3 2	1 7	2 2 3	4 2 1	2 4 2	3 5	1 1 2 2	6	4
1 1 1										
4										
4 3										
3 3 2										
6 3										
1 2 5										
3 3 2										
4 3										
2 3										
4										

No. 31

서부극에 자주 나오는 총이에요

Level. ★☆☆

	3	2	2	4	6	4 1	6 1	4 4	9	1 6
0										
16										
10										
9										
7										
112										
6										
3										
3										
4										

멍! 멍!

Level. ★☆☆

	2	4	2 1 1	6 2	3 1 1	1 1 1	3 1 2	1 2	2	2
24										
3 1 2										
4 1										
2										
1 1										
3										
2										
2 1										
3 2										
5										

8. 월드컵 문어

   월드컵 승부 예측에 관한 이야기를 하다 보면 "펠레의 저주"와 함께 쌍벽을 이루는 이야기 소재입니다. 그 소재는 바로 월드컵 문어입니다. 이 문어는 "파울"이라는 이름을 가졌어요. 하지만 이름보다 "월드컵 문어"라는 별명으로 더 많이 불렸지요.

파울(독일어: Paul)은 2008년 1월 26일 잉글랜드 웨이머스 출생(?)이라고 알려졌는데 믿거나 말 거나에 가까운 정보인 것으로 보입니다. 아마 근처에서 잡혔다가 아닐까 싶습니다. 2010년 10월 26일 독일 오버하우젠의 수족관에서 사망했습니다. 파울은 독일에서 아니 세상에서 가장 유명한 문어가 되었습니다. 이유는 UEFA 유로 2008 대회와 2010년 FIFA 월드컵에서 독일 축구 국가대표팀의 승패를 높은 확률로 맞혔기 때문입니다. 일명 "점쟁이 문어", "족집게 문어"라는 별명을 갖게 되었지요. 사망을 한 이유는 천기누설을 해서라는 우스갯소리도 있습니다.

그럼, 이 월드컵 문어가 예언하는 방법에 대해서 사람들이 궁금해할 것 같아서 준비했습니다. 예언을 하는 방법은 어떻게 될까요?

예언하는 방법은 파울이 있는 수족관에 각국의 국기가 그려진 투명한 상자를 만듭니다. 그리고 그 안에 홍합을 넣어 파울이 먹는 홍합의 위치에 어떤 국기가 있는지를 보고 판단을 하는 것입니다. 예를 들어 파울의 선택을 받은 홍합의 위치에 독일 국기가 있다면 독일의 승리로 예측하는 것이지요. 다만 선택의 시간을 일정하지 않고 한 시간 이상 걸려서 선택한 때도 있었습니다. 파울의 예언 적중률은 전 세계적으로 화제가 되었지요. 예언하는 과정이 독일, 스페인 등 방송사에서 생중계로 보도되기도 했는데 세상에 이런 대우를 받은 문어는 없었던 것 같습니다.

이 촌극의 중심에서 파울은 다양한 에피소드를 낳았지만 몇 가지를 찾아보면 이렇습니다. 예측이 정확하게 들어맞게 되어 인기가 급상승하자, 파울의 국적을 두고 잉글랜드와 이탈리아 사이에서 논란이 빚어진 사건이 있었습니다. 또 스페인의 우승을 맞춘 파울은 스페인의 국민적 영웅이 되었습니다. 스페인 정부는 파울을 위한 유니폼을 제작하기도 하였지요. 심지어 브라질에서는 선택하기 어려운 일이 있을 때 파울이 대신 선택해 주는 '파울 애플리케이션'이 나오기도 했답니다.

부엉부엉 울어서 붙은 이름이에요

Level. ★☆☆

	1	3	4	4 1	6 2	1 7	2 5	1 7	9	5
11										
5										
111										
33										
8										
8										
35										
36										
16										
11										

이 아저씨는 코가 손이라고 하네요

Level. ★☆☆

	7	2 4	1 4	5	6	6 1	6 1	2 4 1	6 1	8
13										
24										
322										
15										
26										
10										
81										
51										
31										
5										

3...2...1... 빵!

Level. ★☆☆

	2	6	6	8	10	1 2 3 1	1 1 2	2 6	1 2	2
4										
13										
31										
7										
41										
62										
62										
7										
42										
3										

남극의 신사.

Level. ★☆☆

	1	1 4	3 1 1	2 2	4 2	5 3	8	5	4	2
3										
6										
13										
13										
13										
14										
13										
15										
7										
5										

9. 강아지는 언제부터 사람과 살았을까?

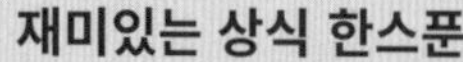

  강아지는 인간과 함께 살아온 동물 중 가장 오래된 동물 중 하나입니다. 그 역사는 매우 오래되었지요. 강아지는 수천 년 전부터 인간과 함께 살아왔으며, 초기에는 사냥개나 집을 지켜주는 개로 함께하였습니다.(인간과 처음 관계를 맺은 것은 1만 5천 년 이전이라는 이야기도 있지만 정확한 시기는 전문가도 맞출 수 없을 것 같네요. 하지만 인류의 역사만큼 길다고 볼 수 있을 것 같습니다.)

인간과 개의 관계가 오래되자, 개들이 수행하는 작업도 많아지기 시작했습니다. 그에 따라 다양한 종으로 개들이 분화되기 시작했습니다. 수렵, 축산, 수송, 경계 등 다양한 용도에 맞게 사용될 수 있도록 강아지를 교배하여 새로운 견종을 만든 것입니다. 이후로 사람들은 강아지를 더욱 안정적으로 다룰 수 있게 되었습니다. 그리고 어느 순간 강아지가 인간의 가정에서 가족처럼 살아가게 되었고 현재에 이르렀습니다. 현재 강아지는 가장 인기 있는 애완동물 중 하나이고
앞으로도 그럴 것입니다.

다만 인간의 욕심으로 개들을 교배하여 인간의
구미에 맞게 체형과 모양을 변형시키는 것에
대해서는 다시 한번 생각해 보아야 하지
않을까요?

물론 그렇게 만들어진 새로운 견종이 많은
사랑을 받고 있지만, 그로 인해 개들은
태어남과 동시에 다양한 질병을 앓게 되는
경우도 있다는 것을 잊지 않았으면 합니다.

찍! 찍!

Level. ★☆☆

	3	1 4	1 5	4 3	6 1	6 1	4 3	1 5	1 4	3
3 3										
1 1 1 1										
1 4 1										
10										
2 2 2										
2 2 2										
8										
6										
11										
2										

Level. ★☆☆

	2	8 1	1 1	1 1 1	1 1	1 1 1	1 1	1 1 1	1 1	6
8										
11										
11										
11111										
11										
11										
16										
11										
11										
2										

벌과 나비가 꿀을 따러 와요

Level. ★☆☆

	2	3	4 2	2 2 2	1 2 3 1	1 2 1 3	2 2 2	4 3	3	2
4										
22										
121										
121										
22										
4										
12										
223										
44										
7										

후라이드 치킨도 좋지만 이것도 별미죠!

Level. ★☆☆

	3	2 1	8	5 2	8	5 2	4 3	2 4	7	4
5										
7										
5 2										
5 2										
4 3										
3 3										
2 5										
8										
12										
3										

10. 공룡이 사라진 이유

　사람이 지구에 나타나기 훨씬 전에 지구를 지배하던 생물이 있었습니다. 우리는 그것을 공룡이라고 부르고 다양한 형태의 콘텐츠를 만들어 소비하고 있지요. 그렇다면 이 공룡은 언제 태어나 어떻게 살았다가 사라지게 되었을까요?

지금으로부터 약 2억 3,000만 년 전 공룡이 처음 나타났다고 학자들은 추측하고 있습니다. 그리고 어떤 사건으로 인해 공룡이 사라질 때까지 지구를 지배해 왔다고 생각하고 있지요. 이 거대한 파충류인 공룡이 지구의 주인이었던 셈이지요. 학자들은 화석을 통해 공룡에 관해 계속 연구하고 있습니다. 현재까지 화석을 통해 알려진 공룡은 대략 1,000종이지만, 공룡학자들은 공룡의 종류가 이보다 훨씬 더 많았을 것으로 생각하고 있습니다.

공룡이 살았을 때의 지구는 지금보다 훨씬 더 따뜻했습니다. 키가 대략 인간의 15배, 몸무게가 약 100배에 달하는 대형 초식 공룡인 브라키오사우루스는 먹는 식물의 양도 아마 어마어마했을 것입니다. 이런 공룡이 배불리 먹으려면 숲이 얼마나 울창해야 했을까요? 바닷속에는 물고기처럼 헤엄치며 살아가는 어룡, 하늘을 날던 익룡, 초식 공룡을 잡아먹는 육식 공룡 등 현재의 생태계처럼 공룡도 그렇게 생태계를 이루며 번성하였다고 학자들은 생각하고 있습니다. 그렇게 2억 년 가까이 지구의 주인으로 살아가던 공룡이 갑작스럽게 멸종하게 되었는데 그 원인은 무엇일까요?

사실 다양한 가설이 만들어졌지만, 그중에서 가장 설득력 있는 것은 지구와 거대한 운석의 충돌설입니다. 거대한 운석과의 충돌로 지구에 큰 폭발이 일어나 지구 대기가 순식간에 화산재로 뒤덮여 기후가 변했고 그로 인해 공룡이 갑자기 멸종하게 되었다는 가설입니다. (실제로 다양한 논문에 그 증거들로 '이리듐'이나 '텍타이트'의 발견 등을 증거로 제시하고 있기는 합니다.)

공교롭게도 공룡이 사라진 시기는 지금으로부터 약 6,500만 년 전입니다. 중생대에서 신생대로 넘어가는 사이에 공룡이 멸종되었다고 추측하고 있습니다. 이 시기에 수많은 생물이 사라졌는데(이 시기에 포유류의 93%가 사라졌다는 연구 결과도 있습니다.) 공룡의 멸종 시기와 일치하기도 합니다. 어쩌면 이 시기에 지구에 무언가 커다란 변화가 있었고 학자들의 말대로 운석 충돌이 원인일 수도 있습니다. 현재 가장 유력한 이론이고 실제로 그것을 뒷받침하는 연구들이 계속 추진되고 있는 것도 사실입니다.

생일엔 딸기가 올라간 이걸 주세요

Level. ★★☆

Column clues (top):

c1	c2	c3	c4	c5	c6	c7	c8	c9	c10	c11	c12	c13
					1	3						
	1	2	2	4	3	1	4	1	2	2	2	2
2	1	1	1	1	1	1	1	1	1	1	1	1
2	2	2	2	2	2	2	2	2	2	2	2	2
2	2	2	2	2	2	2	2	2	2	2	2	2
10	1	1	1	1	1	1	1	1	1	1	1	12

Row clues (left):

Row	Clue
1	2 2
2	1 6
3	4 2
4	4 1 2
5	7 1
6	2 1
7	15
8	1 1
9	15
10	15
11	1 1
12	15
13	15
14	1 1
15	15

공룡 중에 제일 유명한 건 누구?

Level. ★★☆

	2	3 2 1	2 2 1 2	4 1 2 5	1 1 2 1 6	9 2	5 1	4 2 1	3 1 2	5 4	3 5	9	4	2 4	9
3															
4 2															
8															
114															
161															
92															
131															
551															
1111111															
121															
25															
26															
36															
442															
46															

등 뒤에 봉우리가 둘 솟아 있어요

Level. ★★☆

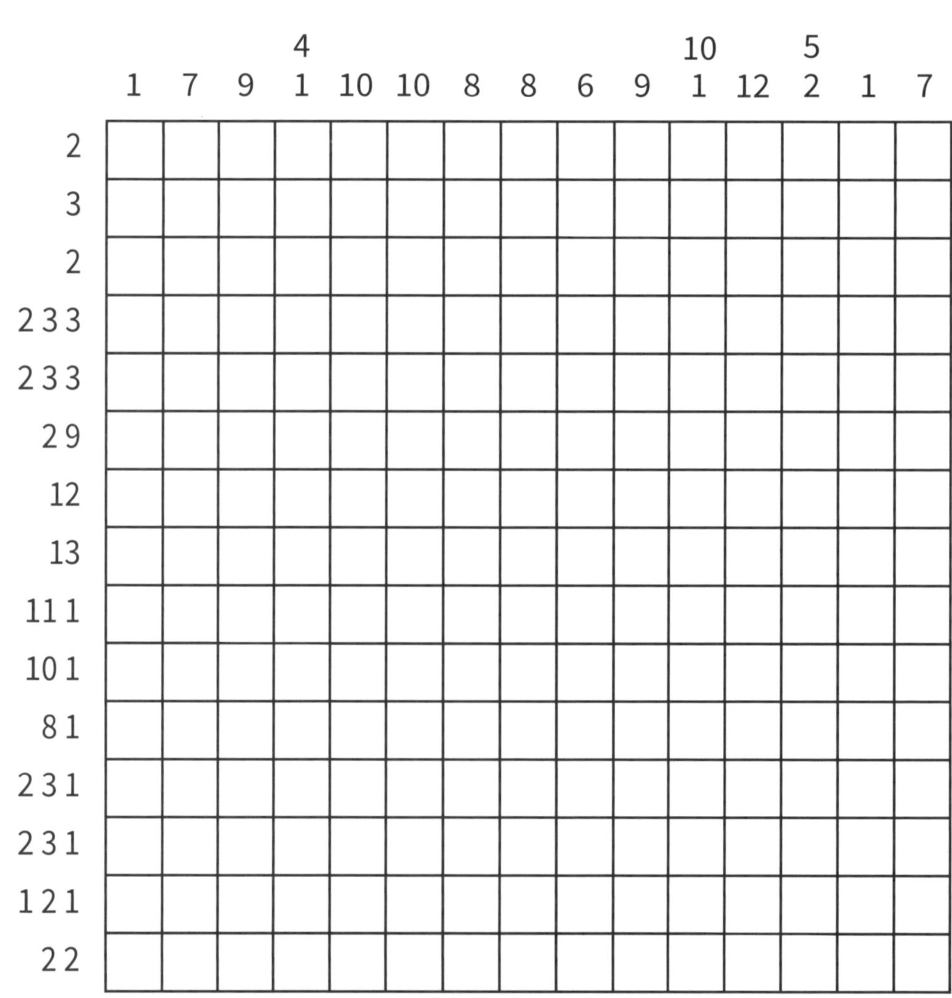

칼슘이 가득해요!

Level. ★★☆

	9	3 1	6 1	1 1 2 1	1 2 10	1 4 1	1 4 1 1	1 4 1	1 4 1 3 1	1 4 1 4 1	1 4 1 3 1	1 4 1	6 1 1	3 1	11
11															
11															
11															
2 10															
4 10															
15															
1 1 1															
1 1 1 1 1 1 1															
1 1 1															
1 1 1 1															
1 1 3 1															
1 1 3 1															
1 1 3 1															
2 1 1															
12															

11. 크루즈 여행 베스트 3

1위. 동남아시아

크루즈 여행 1위는 동남아시아 여행 크루즈입니다. 흔히 '싱페푸'라고 불리는 동남아 크루즈 일정은 싱가포르를 시작으로 말레이시아 페낭, 태국의 푸켓을 기항하는 일정으로 구성되어 있습니다. 아주 오래전부터 사랑받아 온 여행코스입니다.

다른 크루즈 여행에 비해서 적은 경비가 들고 비교적 짧은 기간으로 여행할 수 있어 첫 크루즈 여행을 기획하시는 분들에게 가장 좋은 일정이 될 수도 있습니다.

2위. 서부 지중해

크루즈 여행 2위는 해외여행의 로망인 유럽지역입니다. 그중에서도 볼거리가 특히나 많은 서부 지중해를 크루즈로 여행하는 코스입니다. 크루즈 여행의 진짜 매력을 느낄 수 있는 경로로 구성되어 있습니다.

보통 스페인 바로셀로나에서 출항하여 프랑스 마르세유와 이탈리아 로마, 나폴리, 플로렌스 등을 여행할 수 있도록 구성됩니다. 다양한 코스로 구성될 수 있습니다. 특히 서부 지중해는 항상 따뜻한 기후를 가졌기에 겨울을 제외하고는 늘 여행하기 좋은 지역으로 봄이 시작되는 3월부터 가을인 10월까지 여행하기 좋습니다.

3위. 알래스카

마지막으로 3위를 차지한 곳은 알래스카입니다. 거대한 빙하와 알래스카에서 서식하는 다양한 동식물들 그리고 협곡 열차 탐험 등 자연의 경이로움을 몸소 체험하며 느낄 수 있는 곳이기에 추천합니다.

특히 헬기 투어나 빙산 트레킹 체험은 알래스카에서만 경험할 수 있는 것으로 다양한 액티비티를 꿈꾼다면 최적의 여행지입니다. 보통 시애틀에서 크루즈를 탑승하여 빅토리아, 주노, 케치칸 등을 거치는 코스로 구성됩니다.

컴퓨터를 이루는 것들이에요

Level. ★★☆

Column clues (top), read top-to-bottom over each of the 15 columns; row clues in the left-hand column:

			1				1								
			3		1		3						1		
			1	1	3	1	1						1	1	
		1	1	3	1	3	1	1				1	3	1	
		1	1	3	3	3	1	1				3	1	1	
	7	2	1	2	1	2	1	2	7		9	1	3	1	9
	5	2	1	2	1	2	1	2	5	0	5	1	1	1	5
9 5															
1 1 1 1															
15 1 1 1 1															
15 1 1 1															
15 1 1 1 1															
1 1 1 1 1															
9 1 1 1															
1 1 1 1															
5 5															
1 1															
9 5															
2 1 1 2 1 1 1															
1 1 1 1 15															
2 1 1 2 1 1															
9 5															

뿌우우 경적을 울리며 바다를 건너요

Level. ★★☆

Column clues (left → right, top → bottom):

Col	Clues
1	1 1 2 1 1
2	1 1 5 1
3	1 1 5
4	1 1 7 1
5	2 1 2 3 1
6	2 2 3 1
7	1 6 1
8	1 6 1
9	3 1 2 2 1
10	1 1 1 5 1
11	1 1 1 2 2 1
12	2 1 1 5 1
13	2 1 5 1
14	5 2 2
15	7 1

Row clues (top → bottom):

Row	Clues
1	3 1 1
2	2 2
3	2 1 6
4	2 1 1
5	9
6	2 1
7	1 2 1 2
8	8 1
9	1 5
10	3 9
11	7 1 2 1
12	1 5
13	1 2
14	2
15	10 1

밤바다의 길잡이가 되어주어요

Level. ★★☆

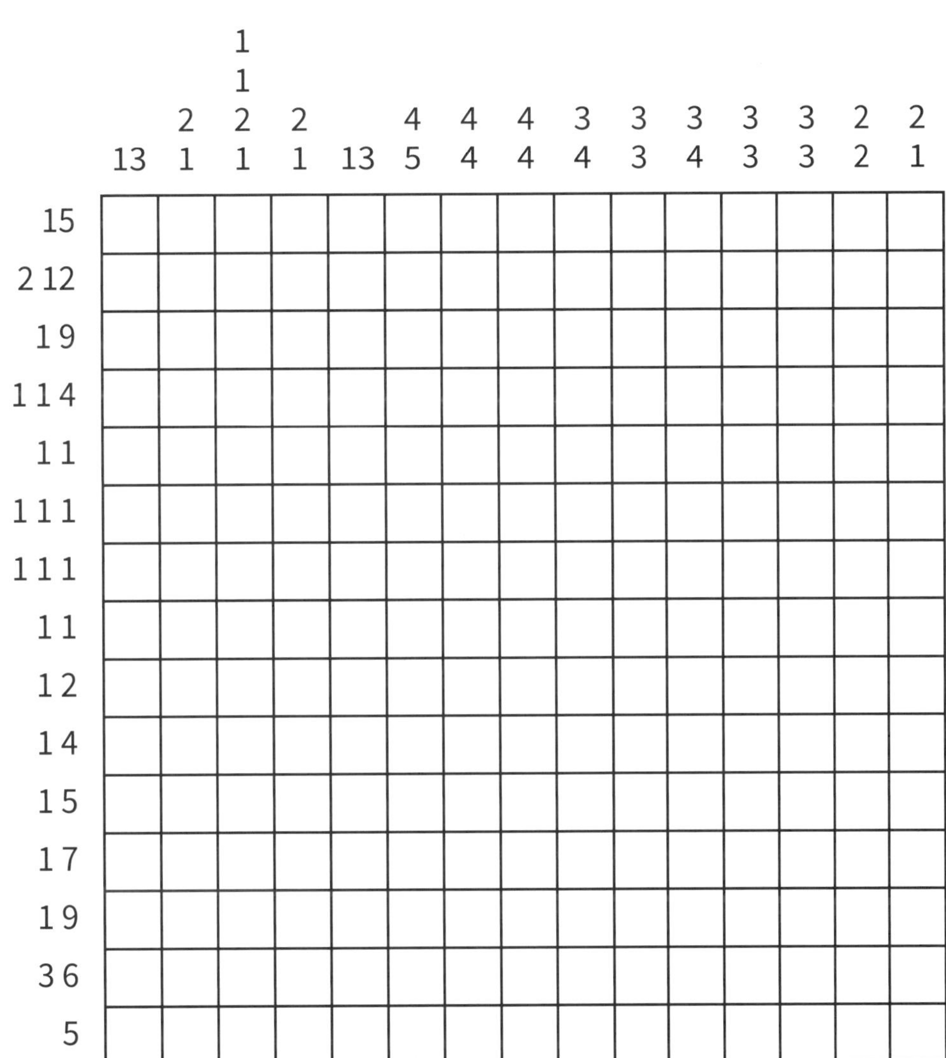

No. 48 프로펠러를 돌리며 하늘을 날아요

Level. ★★☆

	4	1 2 2 1	1 2 2 2	1 1 2 1	1 9	1 6 1	1 6 1	11 1	1 6 1	1 9	1 5 1	1 4 2	1 3 1	1 3	4
13															
1															
1 1															
1 1															
1 2															
13															
2 10															
2 9															
1 8															
11															
10															
1 1															
2 1 1 2															
10															
0															

12. 등대의 역사

 사실 바닷가에 가면 꼭 사진을 찍는 곳이 있지요. 바로 등대입니다. 등대는 언제 어떻게 만들어졌을까요?

등대는 생각보다 오래전부터 존재해 왔습니다. 가장 오래되었고 가장 유명한 등대는 "파로스의 등대"일 것입니다. 헬레니즘 시대에 만들어진 "파로스의 등대"는 이집트 프톨레마이오스 왕조의 프톨레마이오스 1세 소테르가 건설한 것으로 알려졌지요. 등대 높이가 무려 160m나 되고 아주 거대한 거울로 불빛을 반사해서 거의 40km 밖에서도 불빛이 보였다고 전해지기도 합니다.

최초의 현대적인 등대는 18세기 초부터 시작되었다고 알려졌지만, 초기에는 나무로 만들어져 종종 심한 폭풍에 의해 파괴되곤 했다고 합니다. 그렇지만 등대를 만드는 기술이 거듭 발달하였고 특히 등명기의 지속적인 발달이 안전한 항해를 할 수 있도록 해주었습니다. 1900년대 초에는 석유를 사용한 등명기, 1950년대에는 전구를 활용한 등명기, 최근에는 LED나 이중 반사판을 활용한 등명기로 발전이 계속되었습니다.

여담으로 2세기에 로마 제국이 파로스의 등대를 모방해서 스페인에 등대를 세웠습니다. '헤라클레스의 탑'이라는 별명이 붙은 이 등대는 놀랍게도 오늘날까지 현역으로 잘 작동하고 있습니다. 현존하는 가장 오래된 등대라는 타이틀을 갖게 되었지요

No. 49

어흥~!

Level. ★★☆

	10	3 1 1 2	1 2 1 1 1	1 2 2	2 2 1 1	1 1 1 1	1 1 2 1 1	4 4 1	1 1 2 1 1	1 1 1 1	2 2 1 1	1 2 2	1 2 1 1 1	3 1 1 2	10
4 4															
1 2 2 1															
3 3 3															
1 2 1 2 1															
1 3 1															
1 1 1 1 1															
1 1 1 1															
1 1															
3 5 3															
1 3 1															
3 1 3															
1 1 1															
2 3 3 2															
3 3															
9															

나뭇가지 끝마다 달려 있어요

Level. ★★☆

세로 힌트 (열)

1	9	6 1 1	2 5 3	4 1 3	7 2 2	6 2 3	5 3 3	1 3 4 2	1 1 1 5 1	3 1 6	3 2 5	1 4 3	1 9	2

가로 힌트 (행)

| 2 |
| 8 1 |
| 4 2 1 |
| 6 2 1 |
| 8 2 |
| 2 5 4 |
| 3 2 3 |
| 3 1 4 2 |
| 4 6 1 |
| 3 9 |
| 1 1 1 6 |
| 2 1 2 4 |
| 1 6 2 |
| 1 7 |
| 1 2 |

No. 51 왕자님과 공주님이 살고 있어요

Level. ★★★

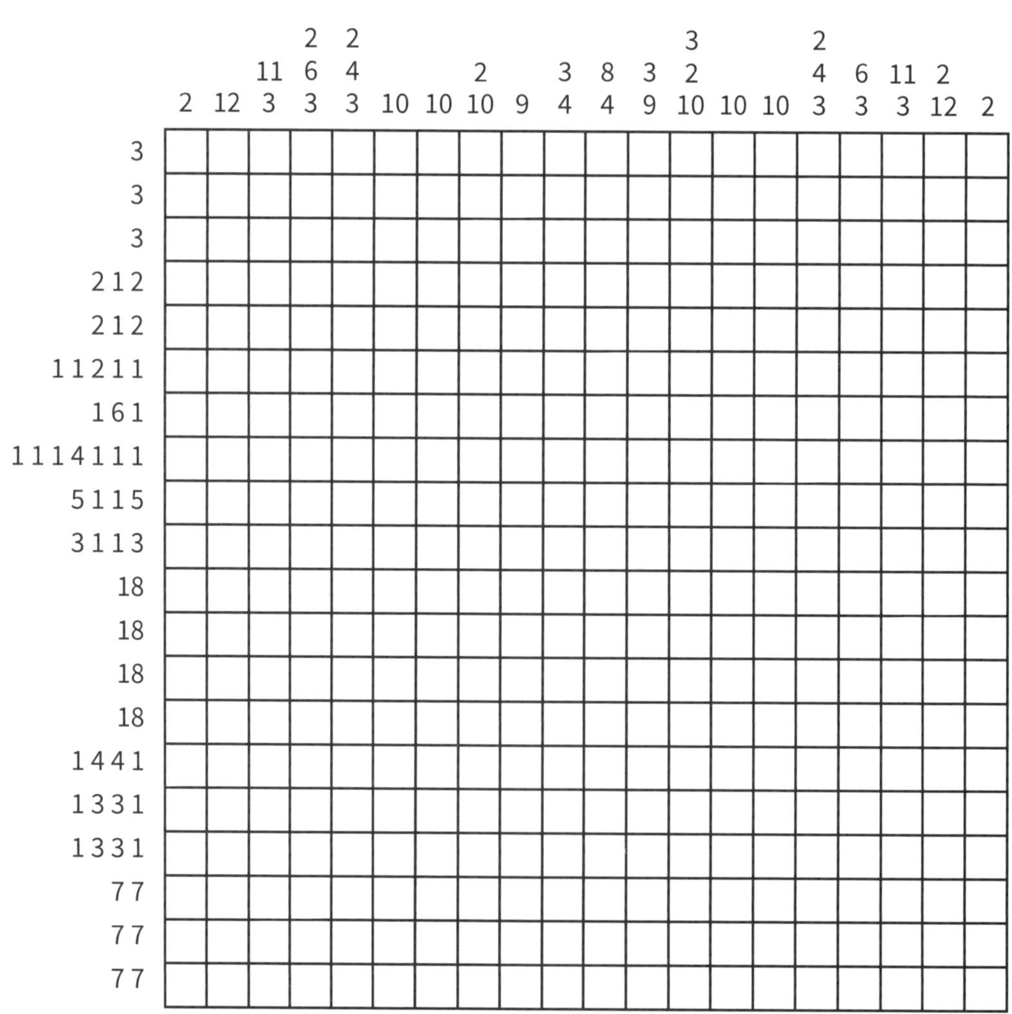

점박이 무늬가 있는 둥근 벌레에요

No. 52

Level. ★★★

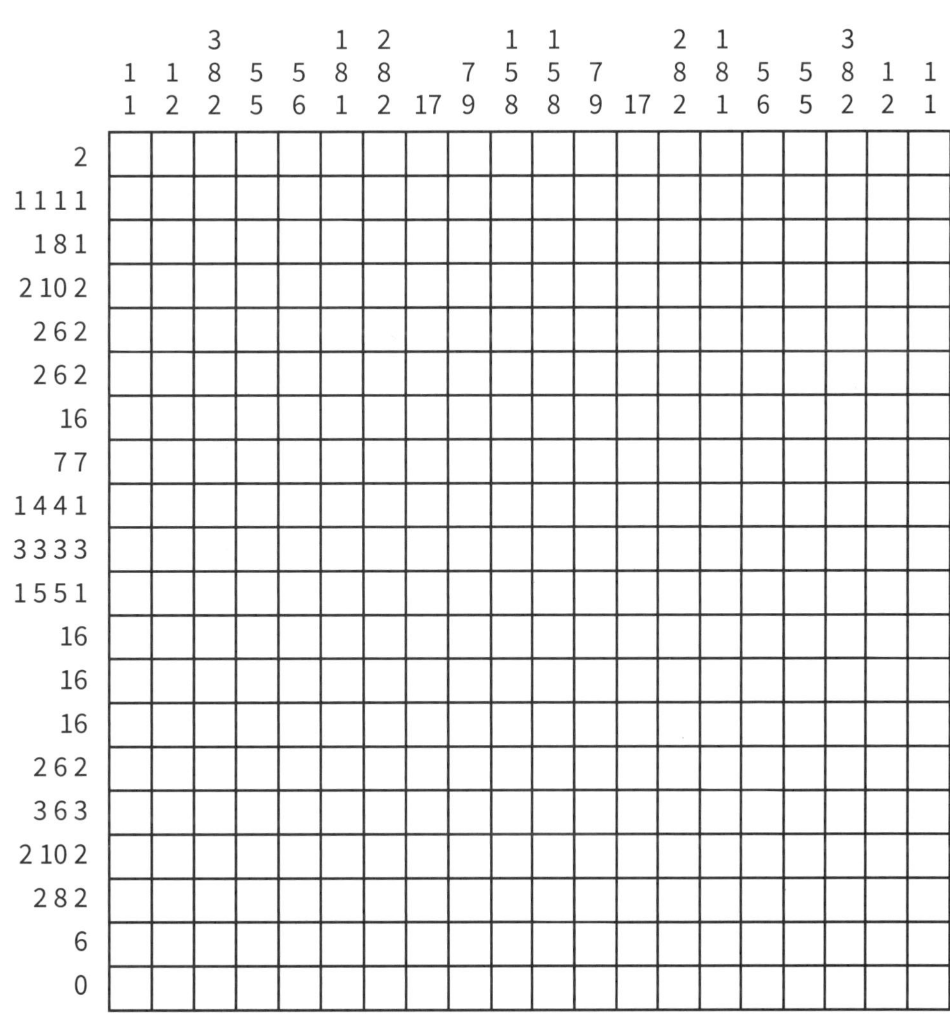

13. 헬리콥터의 역사

　회전하는 물체에서 양력이 발생한다는 원리는 기원전에 이미 밝혀졌습니다. 레오나르도 다 빈치도 꽤 그럴싸한 헬리콥터를 구상하기도 했고 스케치가 남아있습니다. 하지만 시제품을 만들지는 못했습니다.

이륙이 가능한 실물이 제작된 것은 20세기 이후입니다. 처음으로 완전한 비행을 한 헬리콥터는 프랑스의 폴 코르뉘(Paul Cornu, 1881 ~ 1944)가 1907년 만들었습니다. 대략 20초 정도 비행을 한 것으로 기록되어 있습니다.

스페인의 기술자 후안 데 라 시에르바(Juan de la Cierva, 1895 ~ 1936)가 1923년에 제작한 오토자이로 덕에 회전 날개 깃의 각도를 변화시키는 것이 가능해지면서 헬리콥터는 비약적인 발전을 할 수 있게 됩니다. 결국 그것이 기초가 되어 1차 세계대전과 2차 세계대전을 거치면서 헬리콥터는 현대적으로 발전하게 됩니다.

특히 1937년, 독일의 설계사 하인리히 포케(Henrich Focke, 1890 ~ 1979)가 오토자이로를 개조하여, 두 개의 병렬형 회전날개를 지닌 헬리콥터 FA-61을 제작했는데 이것은 수직 상승 및 하강, 전진 및 후진, 제자리 비행을 할 수 있었습니다. 몇 개월 뒤 또 다른 독일인인 안톤 플레트너(Anton Flettner, 1885 ~ 1961)가 최초의 진정한 헬리콥터로 불리는 F.282를 제작하는데 성공하기도 하지요.

마지막으로 1939년에 러시아에서 미국으로 이주한 이고르 시코르스키(Igor Sikorsky, 1889 ~ 1972)가 훨씬 간단한 꼬리 회전날개(테일로터)를 고안하는 데 성공하면서 만든 실험기 VS-300이 현대 헬리콥터의 기초를 완성하게 됩니다.

한국전쟁과 베트남전쟁을 거치면서 헬리콥터의 군사적 사용은 효율적으로 발달하였고, 현재에도 헬리콥터의 기술은 계속 진화하고 있습니다.

No. 53

칙칙폭폭 철로를 달려요

Level. ★★★

	1 3 5 2	5 3 2 1	5 2 3	7 3 2 1	6 3 6 2	6 1 1	9 1 2 2	9 1 2 2	10 1 2 1	10 1 2	9 3 4	9 6	10 8	10 1 2 2	10 1 2	10 1 2 1	10 1 2 1	10 1 2	10 1 2 2	9 1 2 1
16																				
17																				
17																				
19																				
20																				
19																				
3 14																				
5 14																				
1 1 14																				
2 2 2 7																				
1 1																				
1 8 8																				
1 1 3																				
1 1 1 3																				
1 1 1 3 3 2 2																				
1 1 3 3 2 2																				
2 2 3																				
3 3																				
1 1 7 8																				
5 2 2 2 2																				

소년 <-> ○ ○?

Level. ★★★

세로(열) 힌트 (왼쪽 열 1부터 오른쪽 열 20까지, 위에서 아래로)

1. 1
2. 6 4
3. 7 11
4. 7 11
5. 3 7 2
6. 2 3 1 7
7. 6 1 6
8. 2 1 1 2 2
9. 6 4 4
10. 7 1 1 1
11. 7 1 3
12. 6 1 3
13. 7 2 4
14. 1 1 1 3
15. 6 1 2 3
16. 6 4 3
17. 7 1 2 3
18. 8 11
19. 3 9
20. 19

가로(행) 힌트 (위에서 아래로)

1. 16
2. 11 6
3. 4 15 6
4. 3 2 5 4 1
5. 3 2 5 4 1
6. 3 13 1
7. 3 2 1 2 1
8. 2 1 3 3 1 1
9. 2 1 2 1
10. 3 2 2 3
11. 3 2 2 3
12. 3 3
13. 3 1 3
14. 4 1 4
15. 2 2 4 5
16. 2 3 2 3
17. 3 4 4 3
18. 3 2 7 4
19. 6 1 4 2 1
20. 7 1 3 2 1

위이잉 쓰레기를 빨아들여요

Level. ★★★

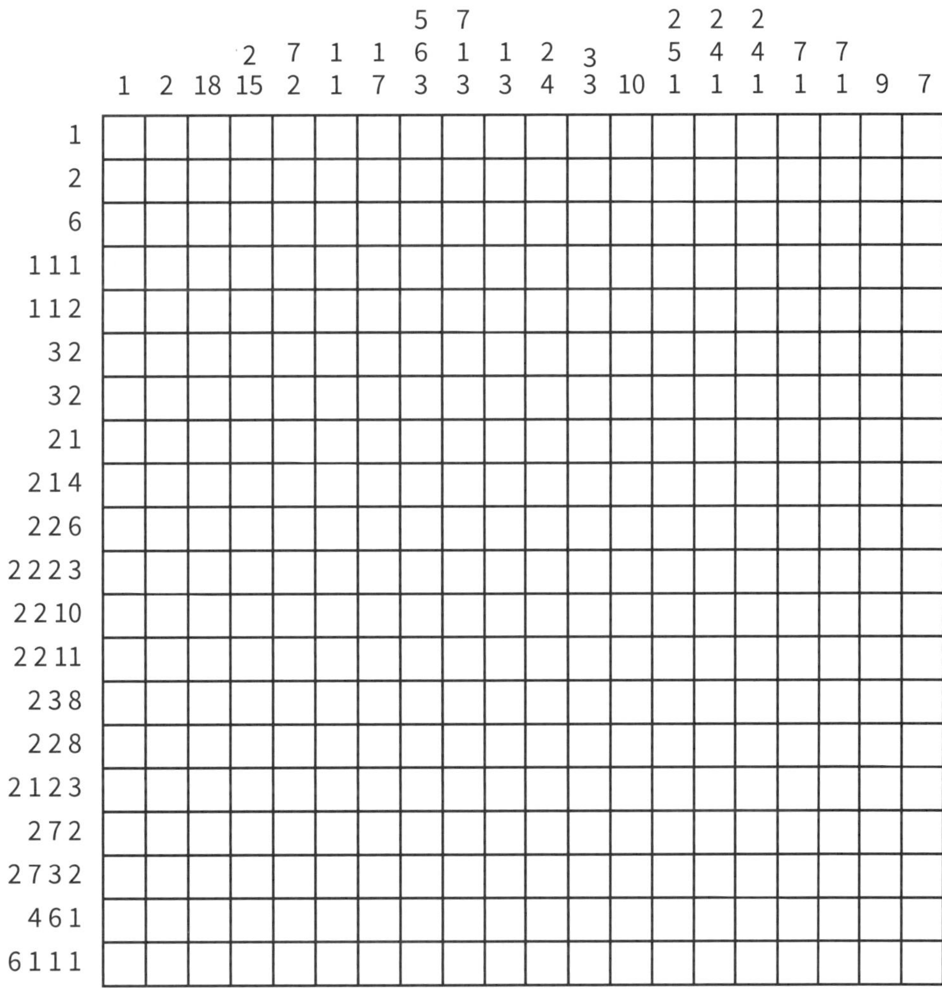

캠프파이어에 필수요소죠

Level. ★★★

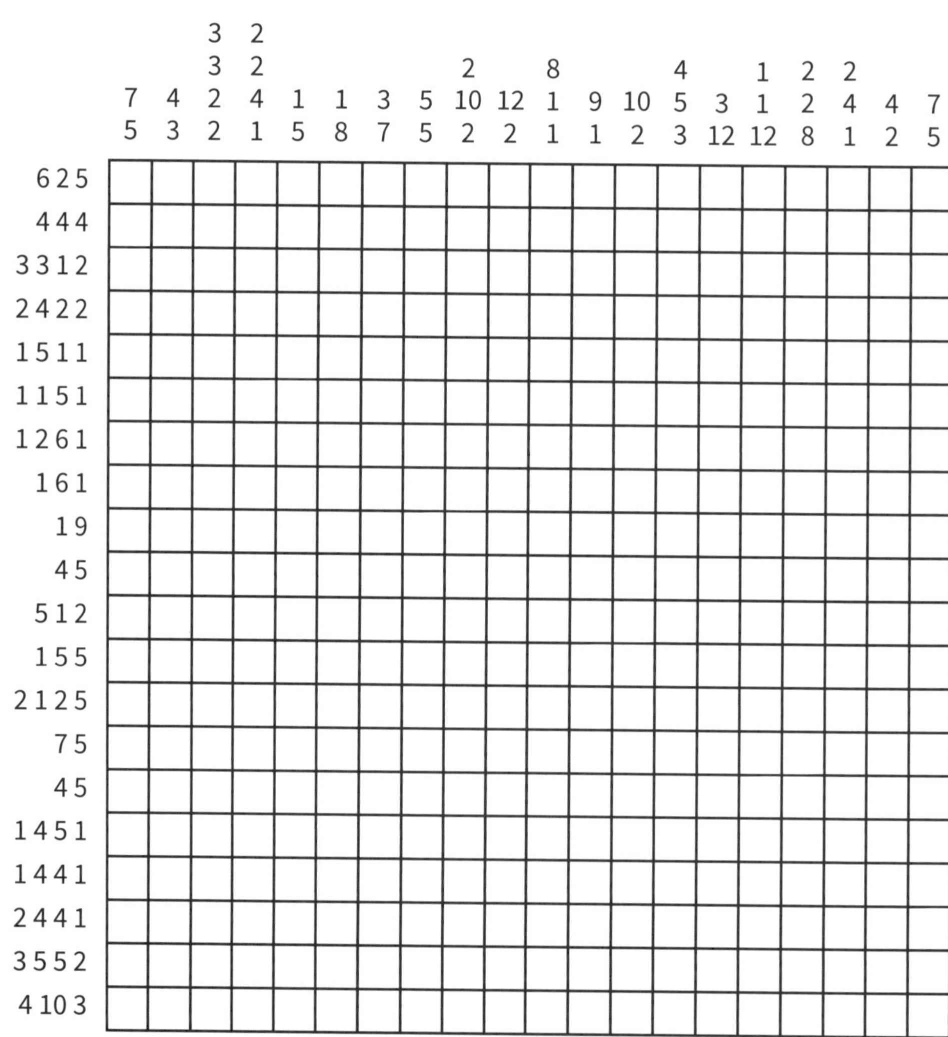

14. 대한민국의 상징이 된 호랑이

호랑이는 아주 오래전부터 한국 사람들과 함께 한 동물이었습니다. 건국 신화부터 함께 하는 동물인 만큼 특별하게 생각하는 부분이 많았습니다. 여러 민담에부터 다양한 예술 작품에 이르기까지 빠지지 않고 등장하는 동물이기도 하지요. 하지만 곰을 제치고 대한민국의 상징이 된 데는 뒷이야기가 있습니다.

구한말 일본제국주의의 침략으로 우리 민족의 나라가 위기에 처하면서 호랑이가 더욱 조명받기 시작한 것입니다. 최남선은 희망이 없는 현실 속에 "근역 강산 맹호 기상도"라는 것을 그리고 1908년 잡지 '소년' 창간호에 삽화로 넣었습니다. 최남선이 이 그림을 그리게 된 계기는 당시 제국주의 열강들이 각 나라를 동물로 표현하였는데 한국을 상징하는 동물로 '일본에 꽁무니를 빼며 도망가는 토끼'라고 하였던 것에 대해 반발하였기 때문이라고 합니다. 중국을 향해 포효하는 호랑이의 모습으로 그렸는데 이것이 민중들에게 큰 희망을 주었던 것으로 보입니다.

오늘날 호랑이가 한국의 상징이 된 것에 가장 큰 공헌을 한 것이지요. 물론 1988년 서울 올림픽이 성공리에 개최가 되고 그 마스코트인 호돌이가 유명해진 것도 한몫하였습니다. 이후에 다양한 기관이나 단체의 엠블렘에 호랑이가 자주 사용되고 있습니다.

일본은 조선의 민족정기를 말살하기 위해 "정호군" 이라는 것을 구성하여 호랑이와 한국 표범을 무차별 적으로 사냥하여 멸종시켰는데 이것이 우연의 일치는 아닐 것입니다. 침략을 정당화하면서도 구국운동으로 일어나는 민중이 두려웠기 때문이겠지요.

앉아서 쉴 수 있어요

Level. ★★★

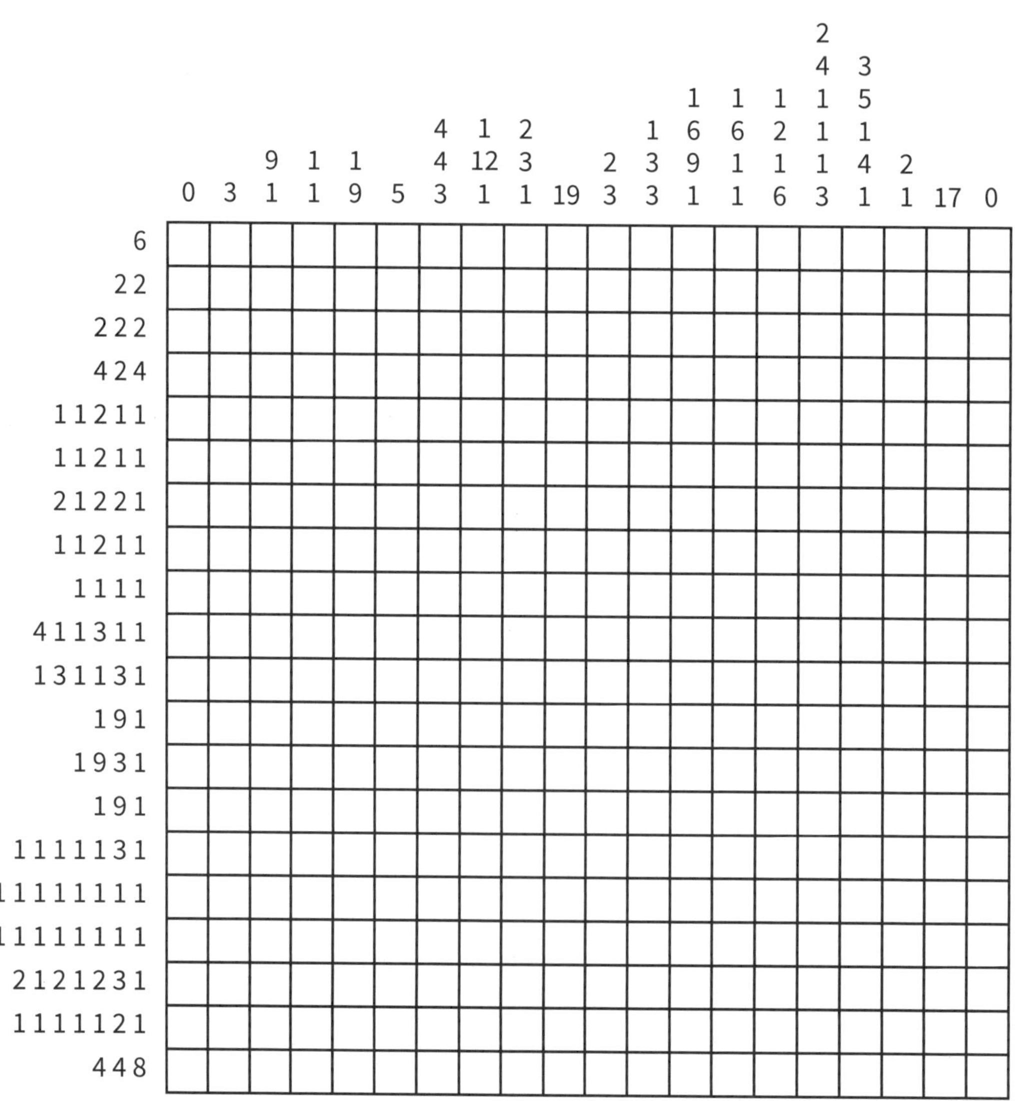

원숭이가 아주 좋아해요

No. 58

Level. ★★★

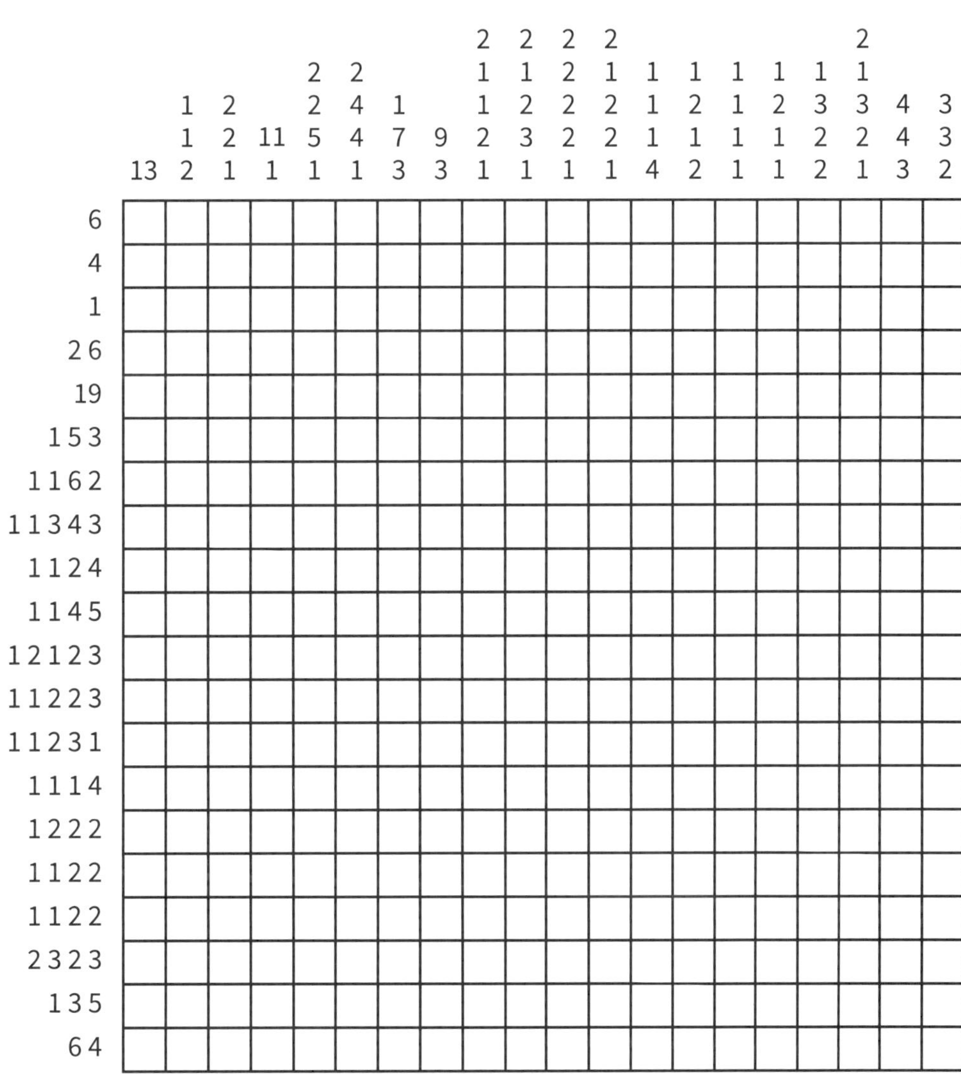

No. 59

예민해서 조심해야 한다는 이미지에요

Level. ★★★

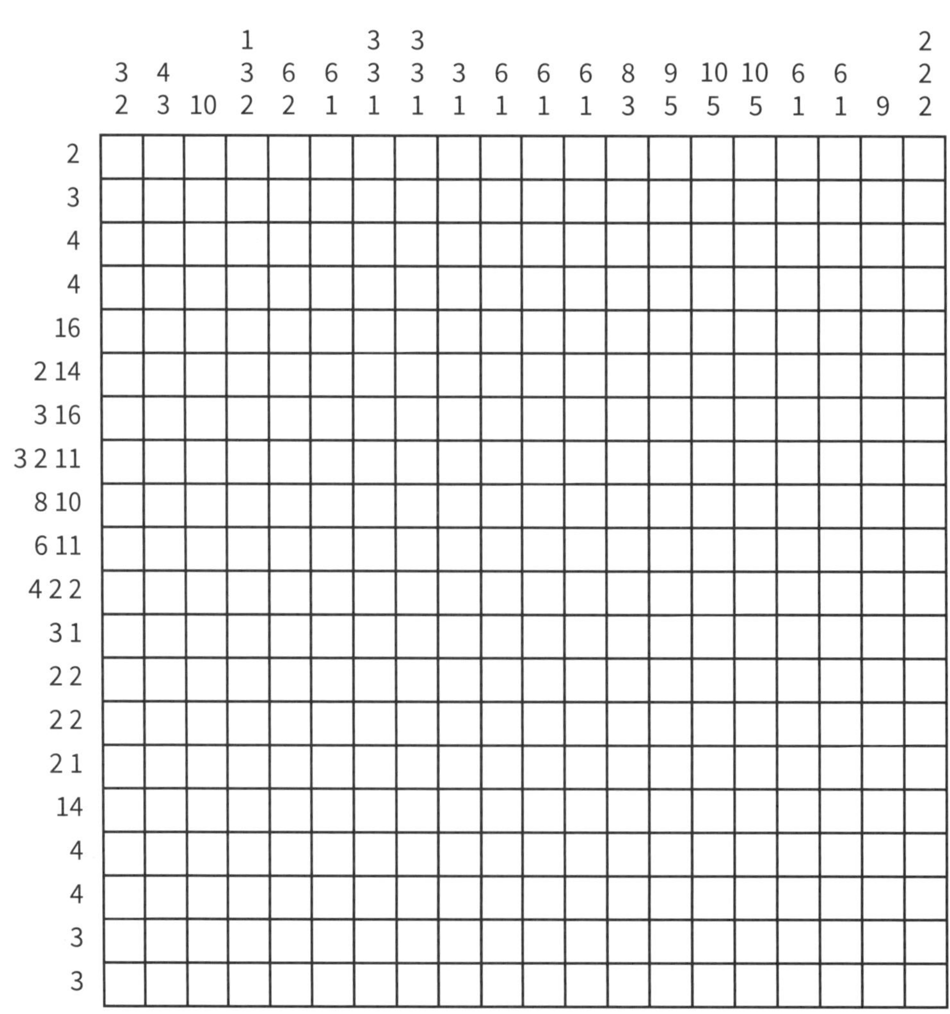

공기를 달구어 하늘을 날아요

No. 60

Level. ★★★

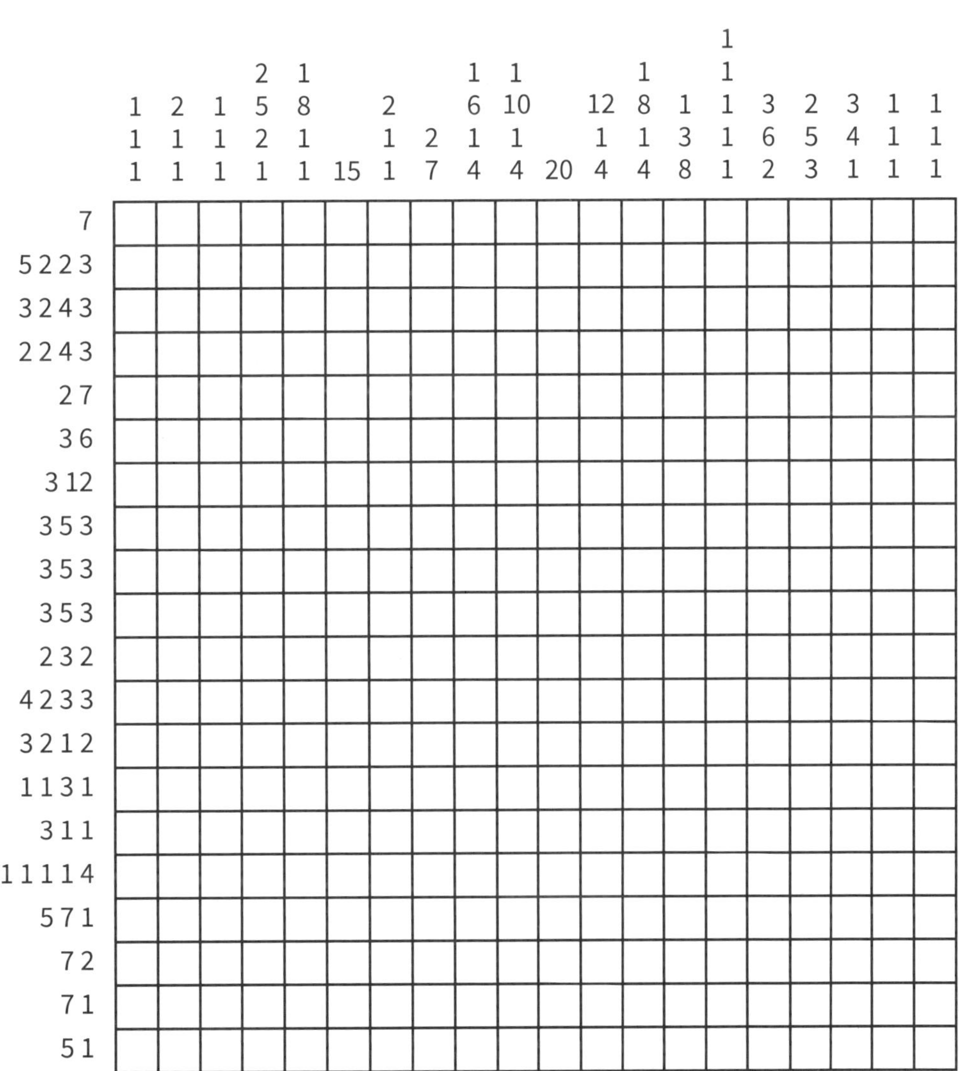

15. 우리나라 열차의 역사

　우리나라 열차의 역사는 철도의 역사와 같이한다고 해도 무방합니다. 그 이유는 철도가 탄생하면서 열차의 개념이 같이 탄생했기 때문이지요. 열차의 역사는 기술이 발달하면서 크게 3개의 시대로 나누어 볼 수 있습니다. 증기기관차 시대, 디젤기관차 시대, 전기기관차 시대로 나누어 볼 수 있습니다.

우리나라에 열차가 처음 들어온 것은 1899년 9월 18일 경인선 철도가 개통되면서입니다. 경부선이 개통되면서 증기기관차가 많이 들어오게 되었고, 1920년대에는 '용산 공작창'이 조성되어 그 일대에서 증기기관차를 제작하기에 이르렀습니다.

본격적인 디젤기관차 운용은(사실 디젤기관차가 들어온 것은 1956년 이전입니다.) 1956년 3월 15일에 충북 제천읍에 기관차공장 '제천 분공장'이 창설되면서 시작되었습니다. 1978년에는 현대차량(주)에서 미국 EMD사와 디젤기관차 제작에 관한 라이선스를 획득하게 됩니다. 라이선스의 취득으로 디젤기관차를 직접 만들 수 있는 시대가 열리게 되었습니다. 그것을 바탕으로 디젤기관 철도동력의 현대화와 국산화를 이뤄내게 되었습니다.

우리나라의 전기철도는 1972년에 SNCF(프랑스 국유철도)의 BB15000 기반 전기기관차가 도입되면서 시작됩니다. 1970년대에 중앙선, 태백선, 영동선의 전철화가 차례로 완료되었지요. 이것을 계기로 대한민국에도 전기 열차 시대가 성큼 다가오게 되었습니다. 한국철도의 고속화, 첨단화가 시작된 것입니다.

우리나라는 2004년 4월 1일 세계에서 4번째로 고속철도를 개통하는 데 성공합니다. 고속 열차 KTX가 도입되었고 2010년에는 핵심부품을 제외한 순수 국산 기술로 제작된 국산화 90%대의 KTX-산천이 운행되기 시작했습니다. 그리고 지속적인 연구로 고속 열차의 기술을 계속 발전시키고 있으며 고속철도 수입국에서 수출국으로 바뀌는 쾌거를 이뤄내고 있습니다.

풀이를 확인하고 이름을 맞춰보자!

Level. ★☆☆

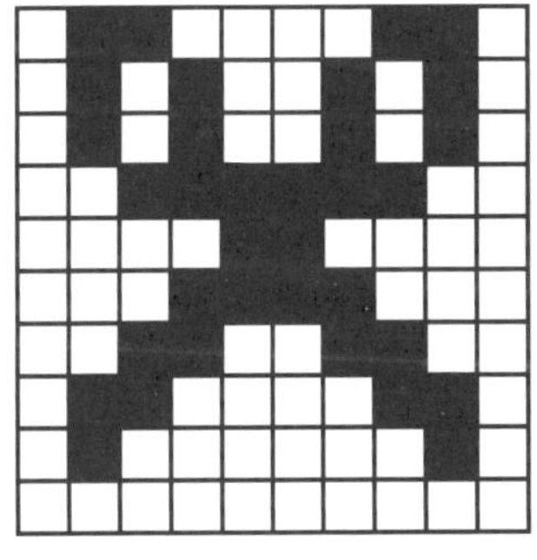

No.01 - 가위

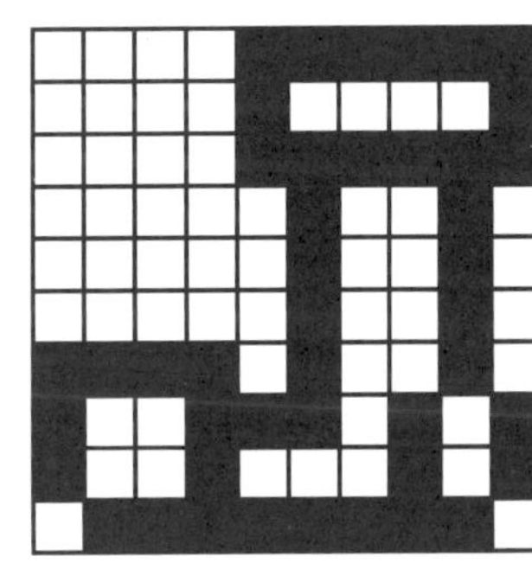

No.02 - 양말

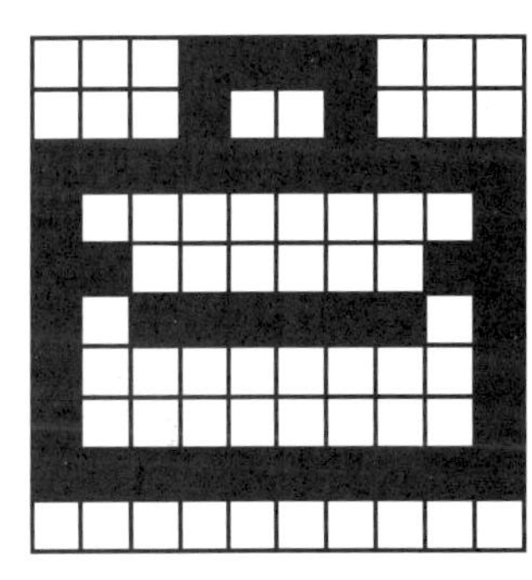

No.03 - 서류가방

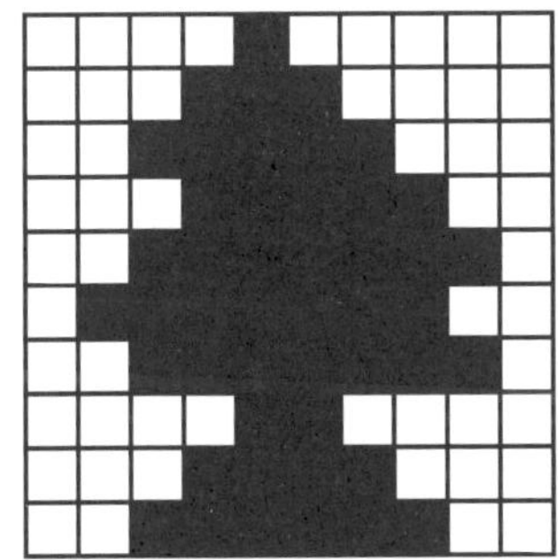

No.04 - 나무

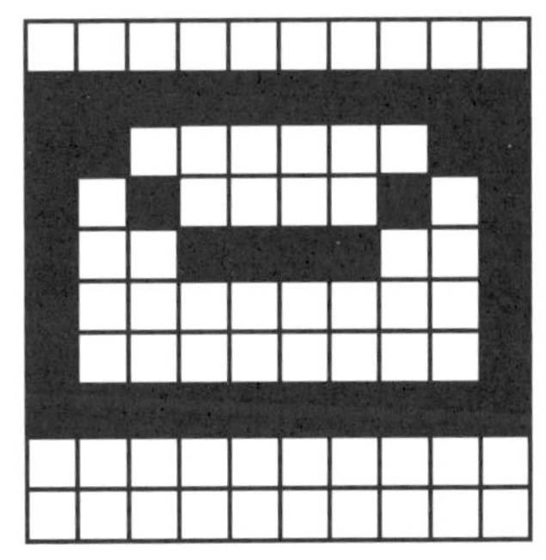

No.05 - 편지

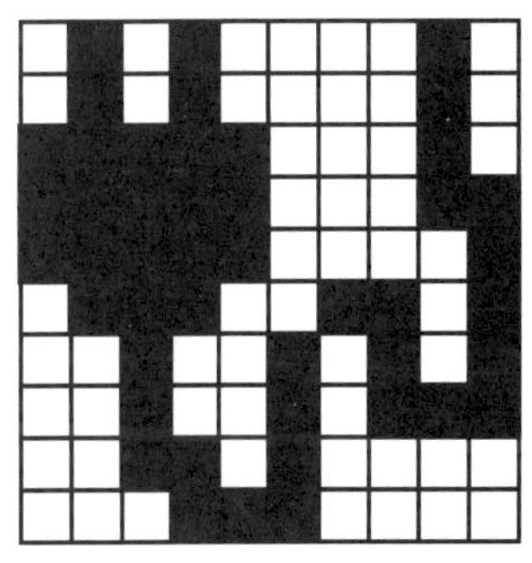

No.06 - 전기코드

풀이를 확인하고 이름을 맞춰보자!

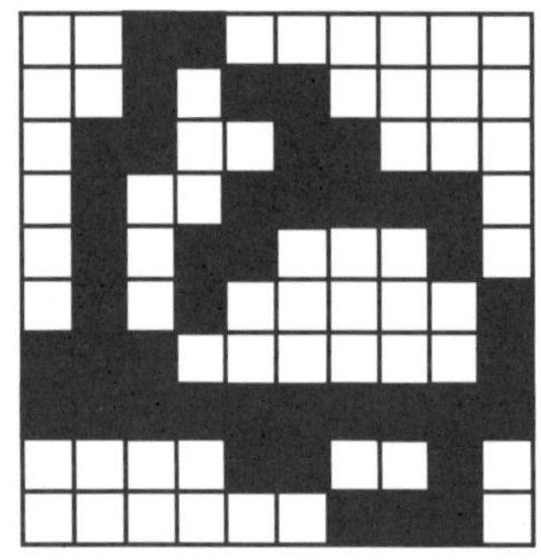

No.07 - 종이비행기

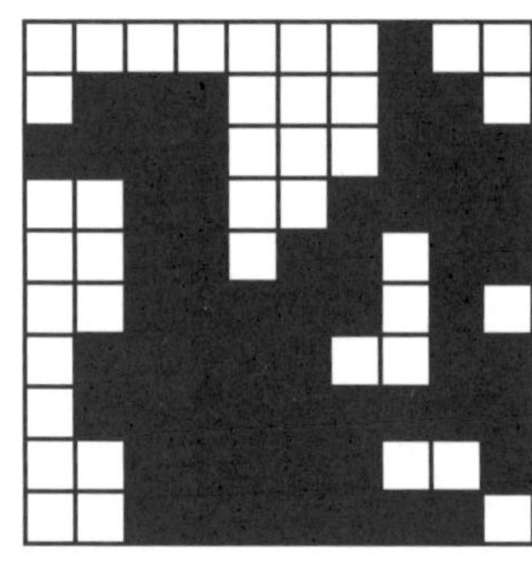

No.08 - 거위

No.09 - 알람시계

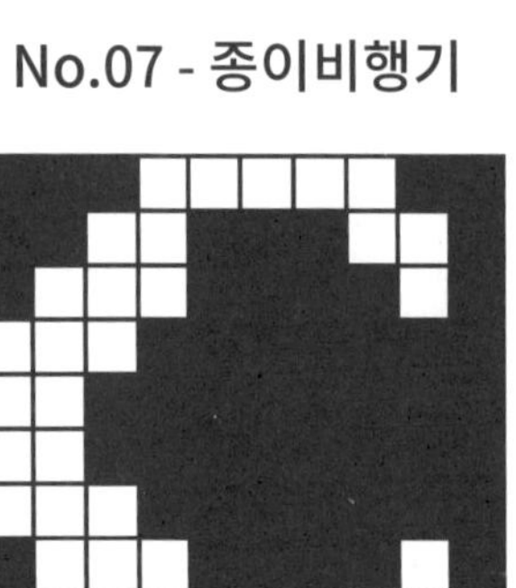

No.10 - 그믐달

No.11 - 주전자

No.12 - 손바닥

No.13 - 선풍기

No.14 - 나비

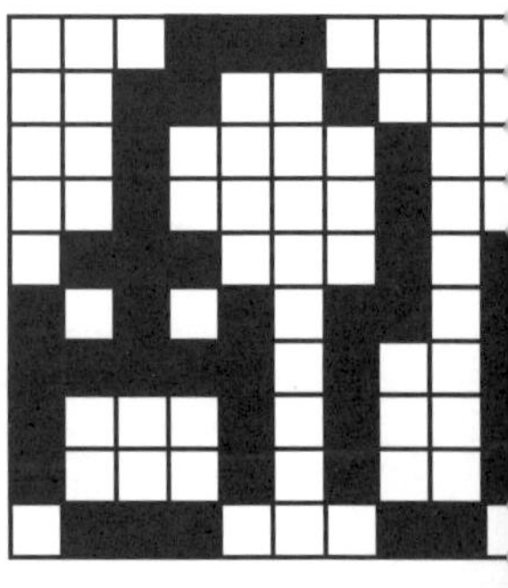

No.15 - 마우스

풀이를 확인하고 이름을 맞춰보자!

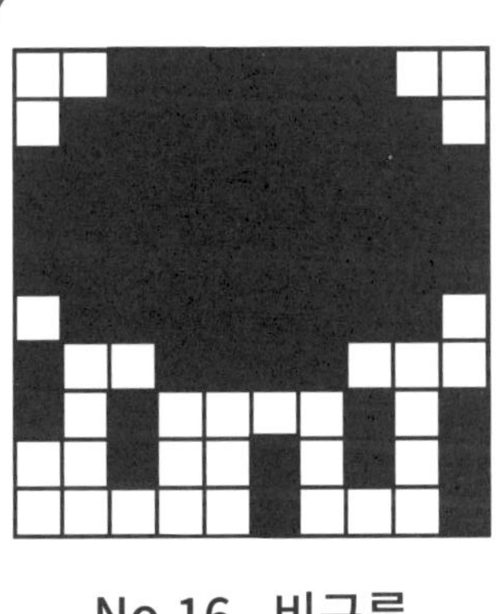

No.16 - 비구름

No.17 - 판다

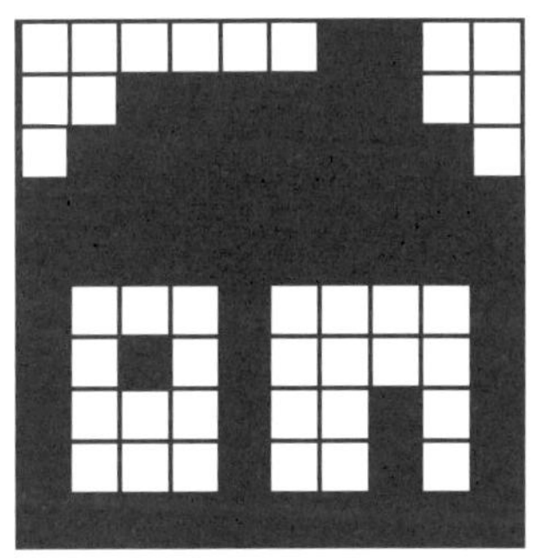

No.18 - 집

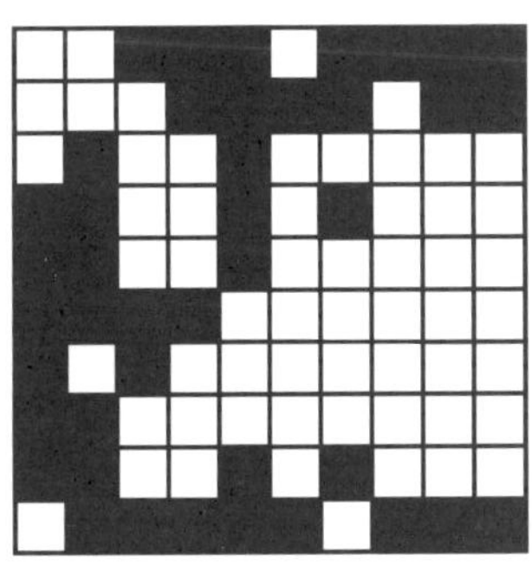

No.19 - 코뿔소

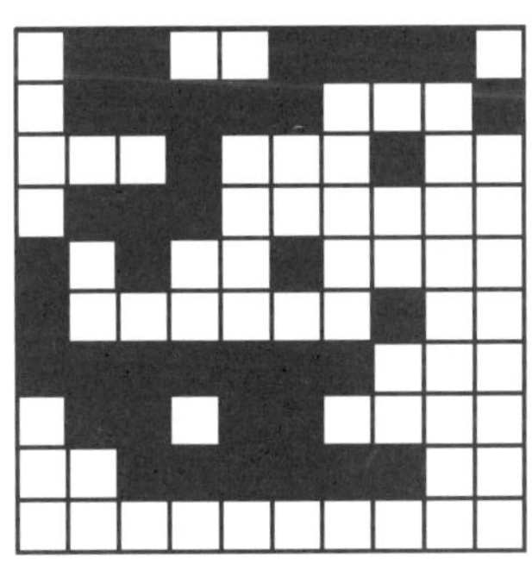

No.20 - 하마

No21 - 왕관

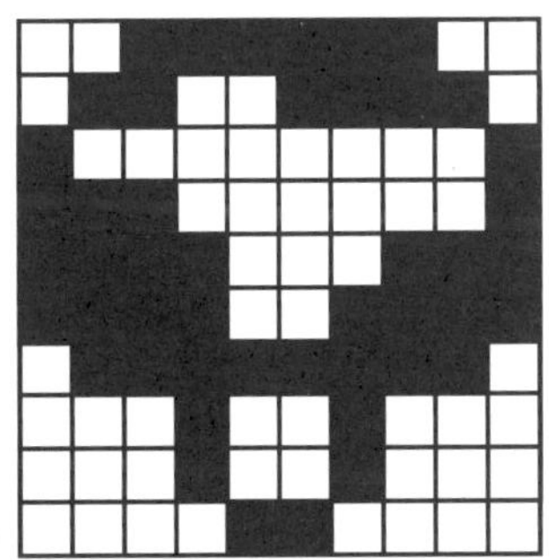

No.22 - 버섯

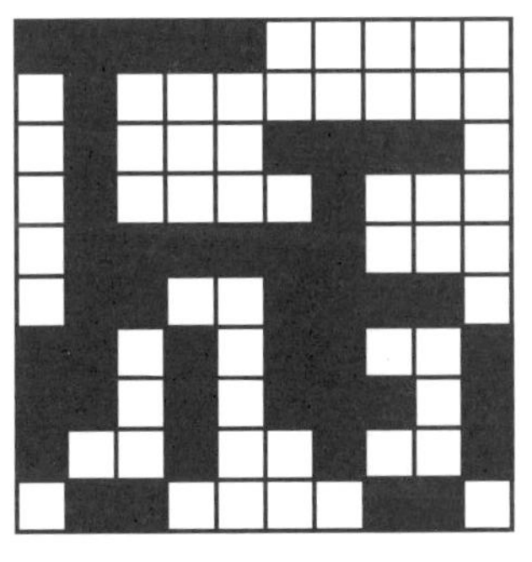

No.23 - 자전거

No.24 - 말

풀이를 확인하고 이름을 맞춰보자!

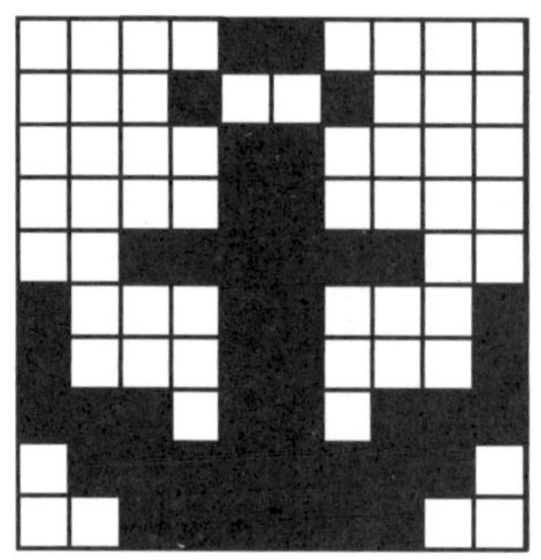

No.25 - 닻

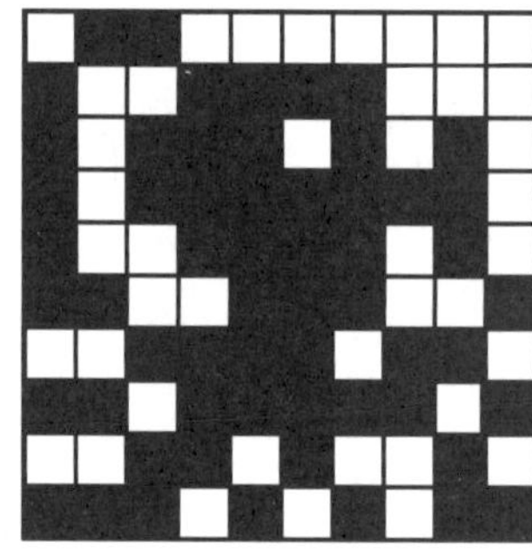

No.26 - 문어

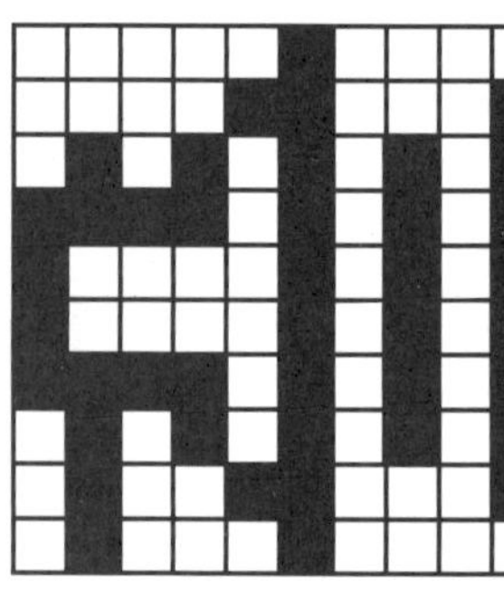

No.27 - 확성기

No.28 - 오징어

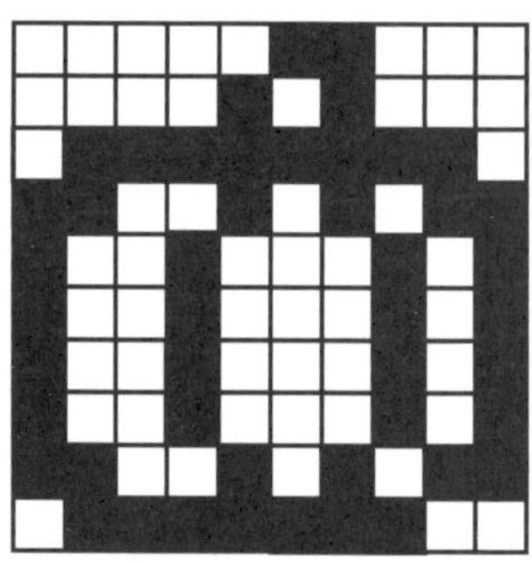

No.29 - 호박

No.30 - 딸기

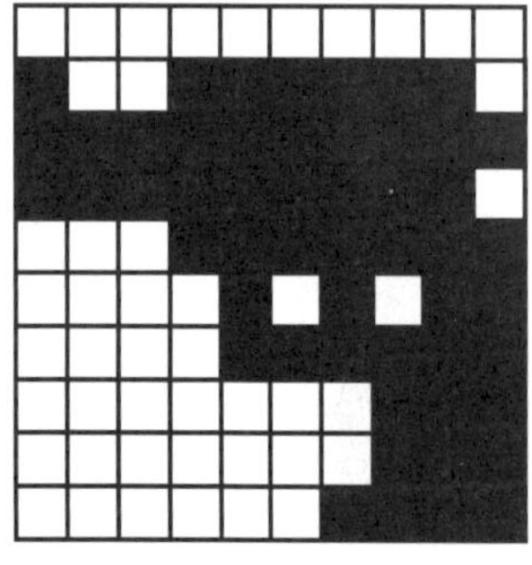

No.31 - 리볼버

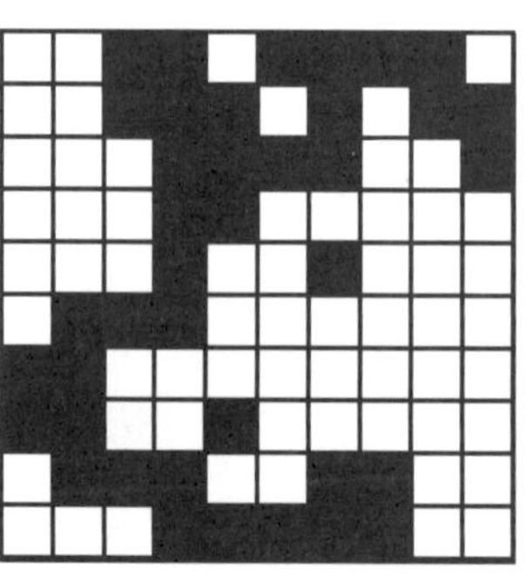

No.32 - 개

No.33 - 부엉이

풀이를 확인하고 이름을 맞춰보자!

No.34 - 코끼리

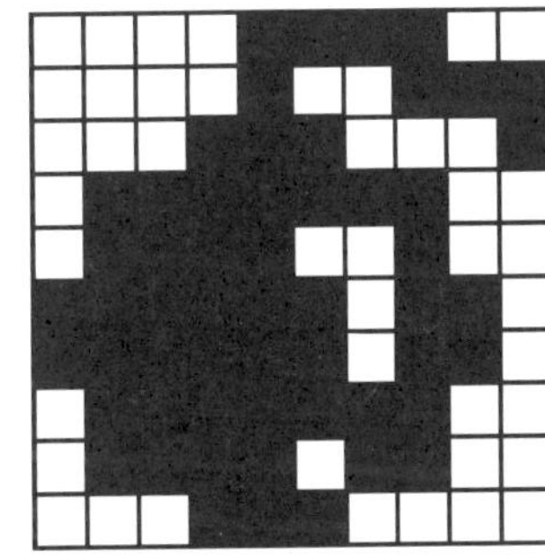

No.35 - 폭탄

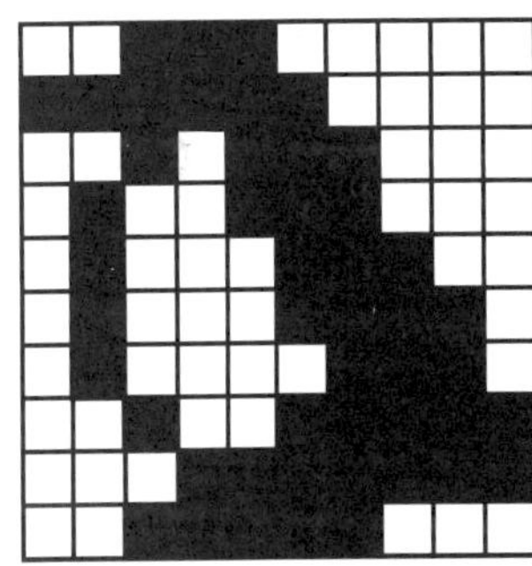

No.36 - 펭귄

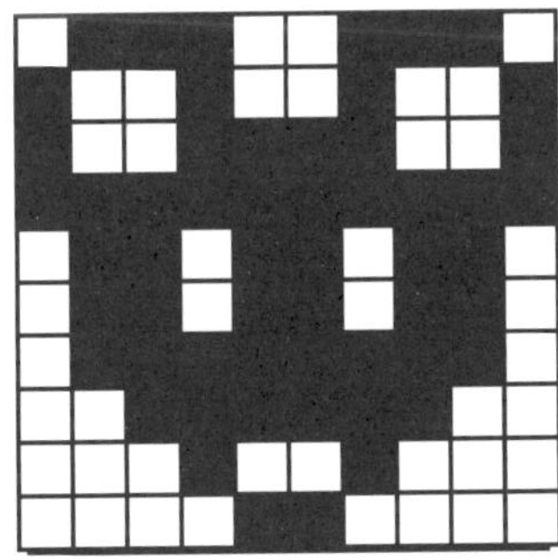

No.37 - 쥐

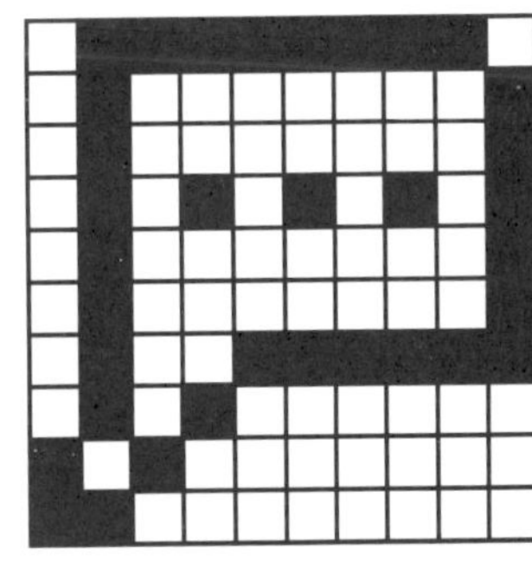

No.38 - 말줄임표

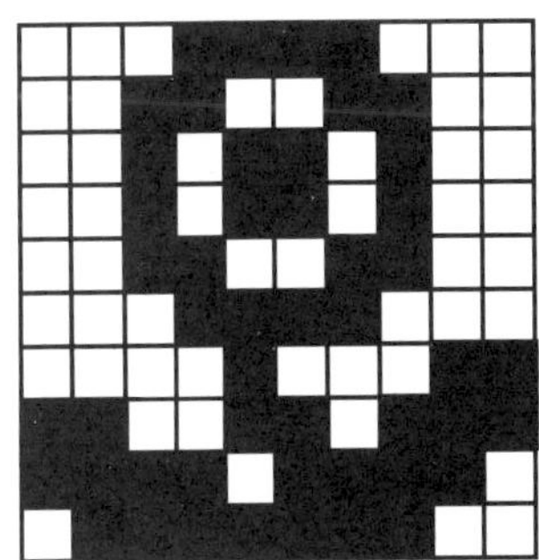

No.39 - 꽃

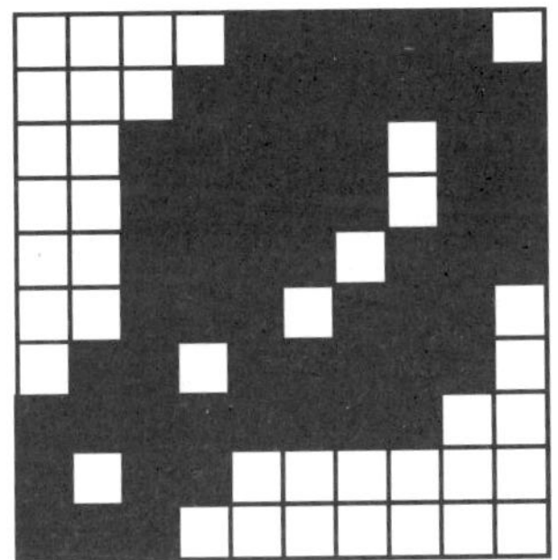

No.40 - 양념치킨

풀이를 확인하고 이름을 맞춰보자!

Level. ★★☆

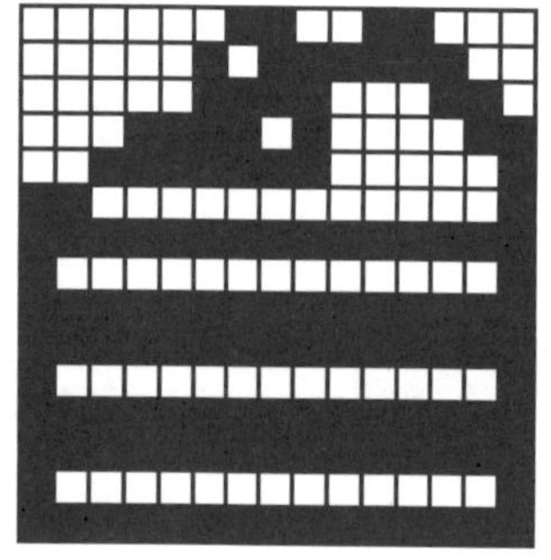

No.41 - 딸기케이크

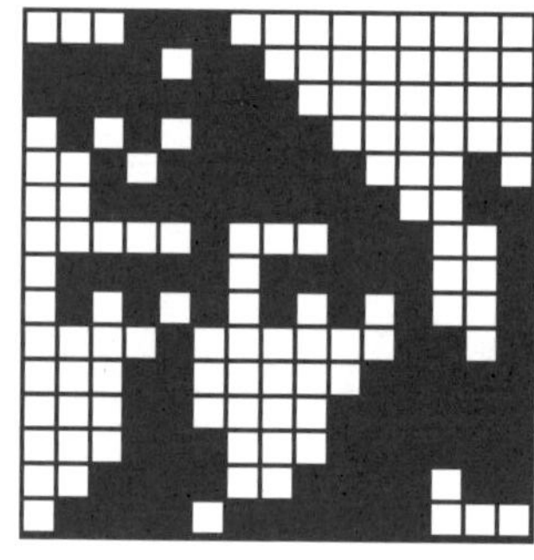

No.42 - 티라노

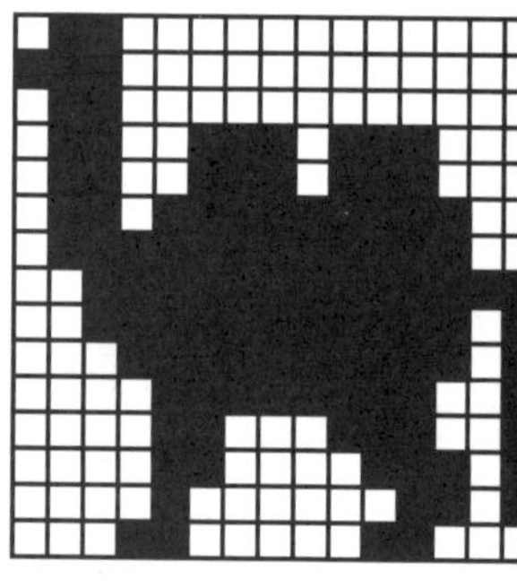

No.43 - 쌍봉낙타

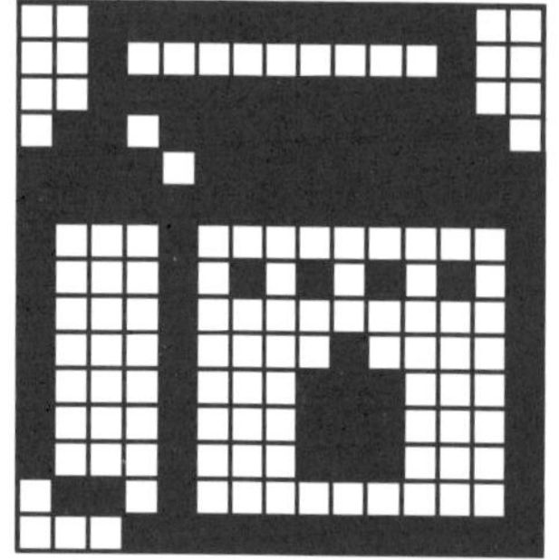

No.44 - 우유

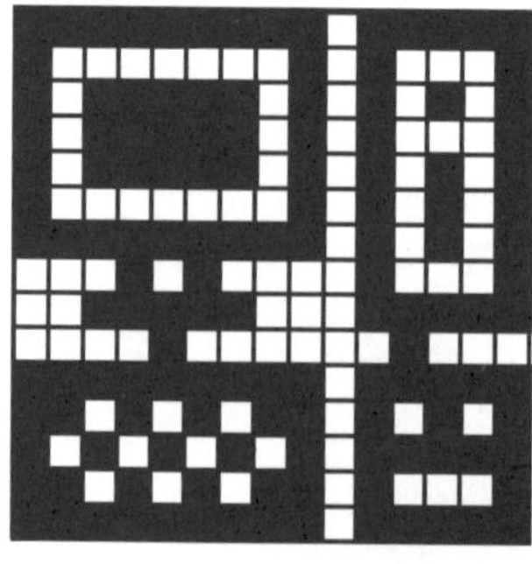

No.45 - 모니터,본체,
키보드,마우스

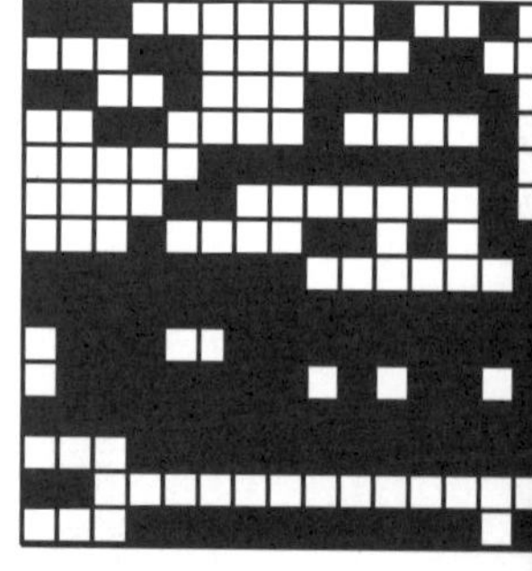

No.46 - 배

풀이를 확인하고 이름을 맞춰보자!

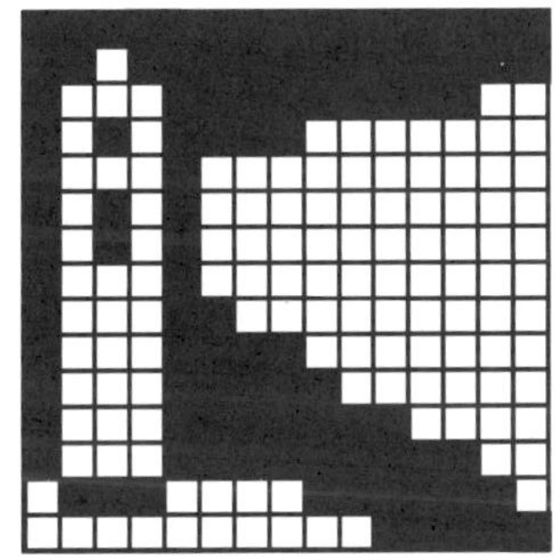

No.47 - 등대

No.48 - 헬리콥터

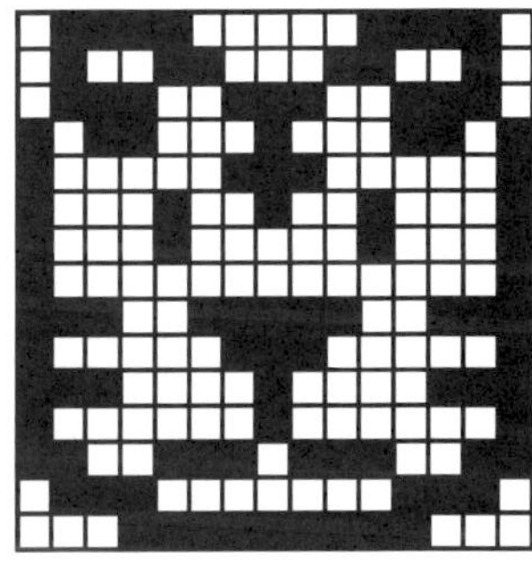

No.49 - 호랑이

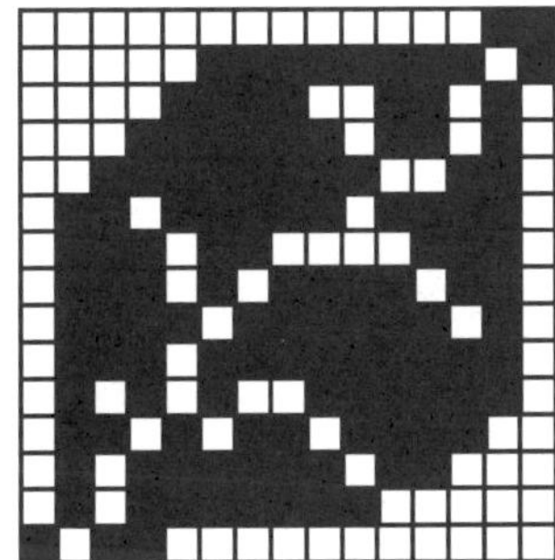

No.50 - 나뭇잎

풀이를 확인하고 이름을 맞춰보자!

Level. ★★★

No.51 - 성

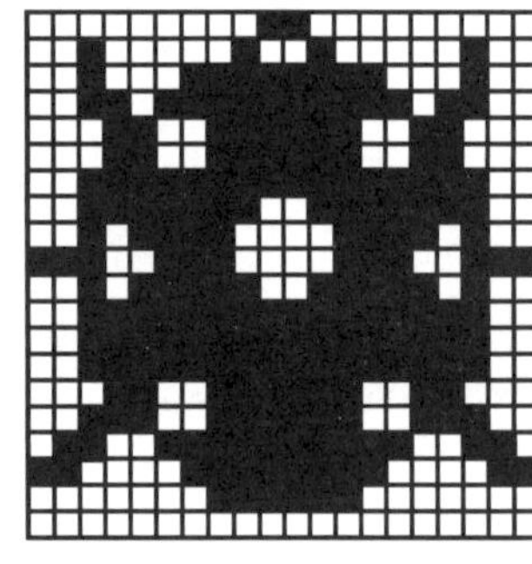

No.52 - 무당벌레

No.53 - 기차

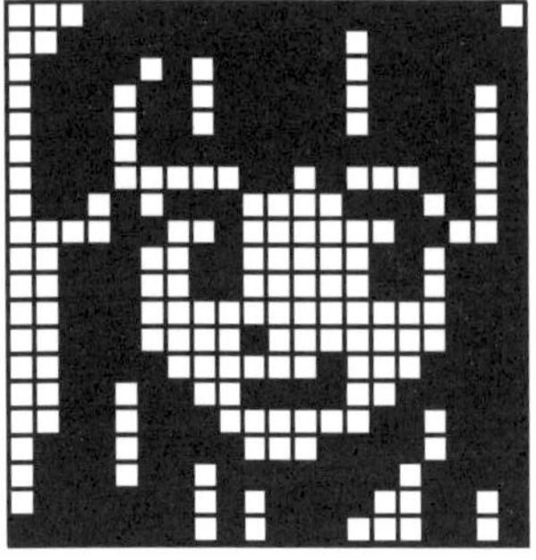

No.54 - 소녀

No.55 - 진공청소기

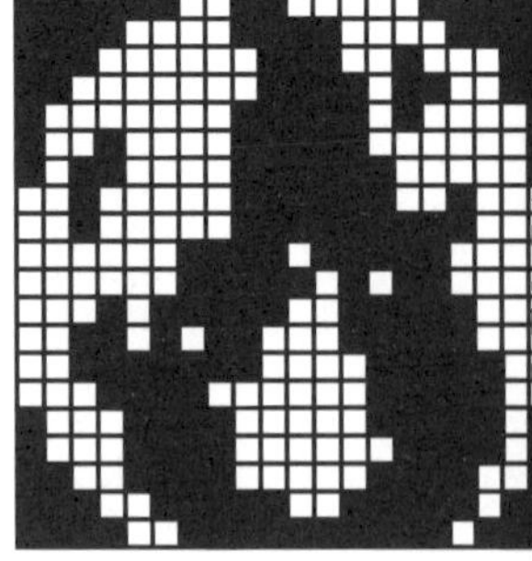

No.56 - 불꽃

풀이를 확인하고 이름을 맞춰보자!

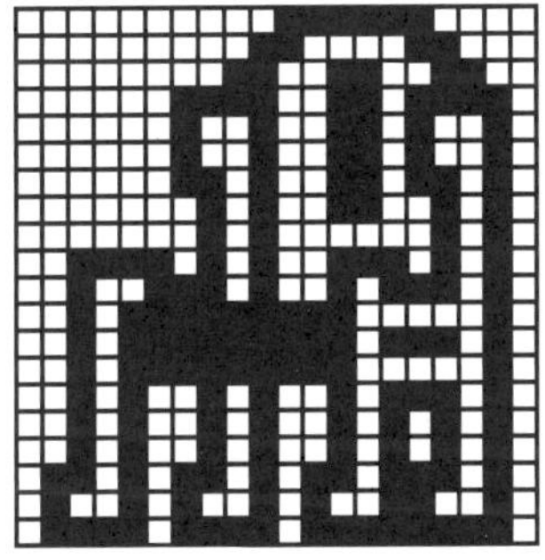

No.57 - 의자

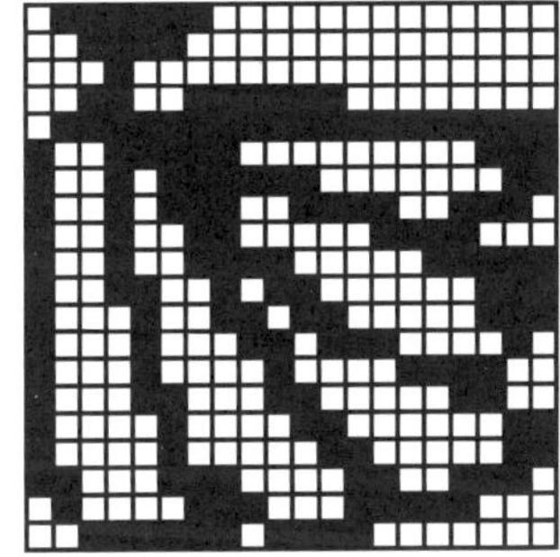

No.58 - 바나나

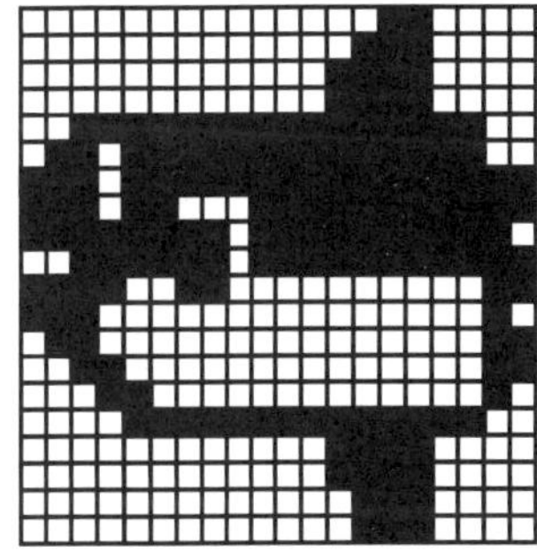

No.59 - 개복치

No.60 - 열기구

재미있는 상식 한스푼

1. 가위의 역사 (no.01 가위)
2. 양말의 모든것 (no.02 양말)
3. 편지의 역사 (no.05 편지)
4. 종이비행기 날리기 대회 (no.07 종이비행기)
5. 자명종의 역사 (no.09 알람시계)
6. 달의 종류 (no.10 그믐달)
7. 판다 외교 (no.17 판다)
8. 월드컵 문어 (no.26 문어)
9. 강아지는 언제부터 사람과 살았을까? (no.32 개)
10. 공룡이 사라진 이유 (no.42 티라노)
11. 크루즈 여행 베스트 3 (no.46 배)
12. 등대의 역사 (no.47 등대)
13. 헬리콥터의 역사 (no.48 헬리콥터)
14. 대한민국의 상징이 된 호랑이 (no.49 호랑이)
15. 우리나라 열차의 역사 (no.53 기차)

꽁냥꽁냥 고양이 일러스트

박지영 지음 │ 84쪽 │ 값 13,500원

소중한 우리 고양이, 이제 손그림으로 그려보자! 뱅갈, 페르시안,
러시안 블루 등 고양이 17여 종을 간단한 일러스트는 물론 정밀화
풍의 그림까지 다양하게 따라 그릴 수 있다.

부비부비 강아지 일러스트

박지영 지음 │ 88쪽 │ 값 12,500원

소중한 우리 강아지, 이제 손그림으로 그려보자! 몰티즈, 치와와,
시추, 진돗개 등 강아지 20여 종을 간단한 일러스트는 물론 정밀화
풍의 그림까지 다양하게 따라 그릴 수 있다.

귀욤귀욤 볼펜 일러스트

아베 치카코 지음 │ 83쪽 │ 값 12,500원

소중한 추억에 감성을 입혀 일상에 활력을 불어넣고 행복을 얻을 수
있도록 돕는 책. 모든 동식물과 음식, 과일 등 세상 만물이 독자의
형형색색 볼펜 끝에서 마술처럼 되살아날 것이다.

다이어리 꾸미기 일러스트

나루진 지음 │ 148쪽 │ 값 13,000원

깜찍 발랄 소녀 감성이 풍부한 일러스트로 일상을 소중하게 기억하
고 싶은 사람을 위한 책. 귀엽고 발랄한 캐릭터로 행복감을 충만하
게 해준다. 나루진 작가의 일러스트와 함께 다이어리 꾸미기에 도
전해 보자.